U0831192

中电联电力发展研究院

YUENAN DIANLI GONGCHENG
ZAOJIA GUANLI YANJIU

越南电力工程造价管理研究

主　编　董士波
副主编　汤寿泉　徐慧声

中国电力出版社
CHINA ELECTRIC POWER PRESS

内 容 提 要

为了解和掌握国外典型工程造价管理方法及国际惯例，准确把握国际工程造价管理的发展方向和趋势，推动电力企业“走出去”，中电联电力发展研究院组织相关专家编写了《越南电力工程造价管理研究》。

本书结合越南电力工业实践和发展情况，全面介绍了电力工程建设的投资环境分析、电力工业现状以及工程建设市场、相关法律法规及政策、电力建设工程项目造价管理、电力建设工程计价体系研究、电力投资风险与应对策略等内容。

本书可供电力工程建设行业及政府部门、行业协会和企业的领导，以及业主、承包商、监理单位、设计单位和第三方咨询机构等相关专业人士使用，并可作为全国电力工程造价管理、工程管理及项目管理等专业博士、硕士研究生的参考图书。

图书在版编目（CIP）数据

越南电力工程造价管理研究 / 董士波主编. —北京：中国电力出版社，2020.10
ISBN 978-7-5198-4937-5

Ⅰ. ①越…　Ⅱ. ①董…　Ⅲ. ①电力工程–工程造价–研究–越南　Ⅳ. ①F433.366

中国版本图书馆 CIP 数据核字（2020）第 169429 号

出版发行：中国电力出版社
地　　址：北京市东城区北京站西街 19 号（邮政编码 100005）
网　　址：http://www.cepp.sgcc.com.cn
责任编辑：张　瑶（010-63412503）
责任校对：黄　蓓　朱丽芳
装帧设计：张俊霞
责任印制：石　雷

印　　刷：三河市百盛印装有限公司
版　　次：2020 年 10 月第一版
印　　次：2020 年 10 月北京第一次印刷
开　　本：787 毫米×1092 毫米　16 开本
印　　张：9.75
字　　数：138 千字
印　　数：0001—1500 册
定　　价：36.00 元

版 权 专 有　侵 权 必 究

本书如有印装质量问题，我社营销中心负责退换

本 书 编 审 人 员

主　　编　董士波

副 主 编　汤寿泉　徐慧声

主　　审　张　雨　肖　雯　吕　栋　胡常胜
　　　　　俞　敏

参编人员　文上勇　谢榕昌　郑　燕　徐　丹
　　　　　韩晓宇

前言

改革开放以来，电力行业大力实施“走出去”国际发展战略，深化落实“一带一路”倡议，积极进行国际电力投资和工程项目承包，国际合作规模不断扩大。随着电力投资、服务、装备、技术、标准“走出去”持续升温，我国电力企业拓展海外业务步伐持续加大，以电力工程建设为引领，投资范围涵盖水电、火电、核电、风电、太阳能发电及输变电等领域，涉及电力规划、建设、运营等全产业链。在此过程中，积极研究项目所在国电力工程造价管理体系及标准等，提出投资风险应对策略，将为海外电力工程项目顺利实施提供保障，为持续推动电力企业国际化发展提供有力支撑。同时，也可助力我国电力企业更好地了解国外典型工程造价管理方法及国际惯例，准确把握国际工程造价管理的发展方向和趋势。

越南作为“一带一路”经济走廊在东南亚地区的战略支点，已经成为中国企业海外投资和承揽工程项目的重要目的地之一。本书根据越南电力工业的实践和发展进行编写，共分 6 章，主要包括投资环境分析、电力工业现状及工程建设市场、相关法律法规及政策、电力建设工程项目造价管理、电力建设工程计价体系研究、电力投资风险与应对策略。

在本书编写过程中，查阅和检索了大量与越南电力工程造价管理相关的信息和资料，从内容到形式都进行了反复的调查和研究，力求以严谨的态度、翔实的数据和真实的案例，介绍越南电力工程造价管理及相关情况。

本书可供从事海外电力工程项目投资决策与工程造价管理的相关企业及

人员参考和借鉴。希望本书能够成为中国企业了解海外电力市场和工程造价管理的窗口，同时期待业界同仁和广大读者多提出宝贵意见和建议，为提升我国电力企业“走出去”的能力和水平发挥更大的作用。

中电联电力发展研究院编写组

2019 年 12 月于北京

目录

第一章 投资环境分析

伴随中国企业“走出去”步伐加快，越南社会主义共和国（简称越南）已成为中国企业海外投资和承揽工程项目的重要目的地之一。越南位于中南半岛东部，北与中国接壤，西与老挝和柬埔寨交界，东面和南面紧邻中国南海。

越南与我国关系源远流长，保持着良好的发展势头。在“十六字方针”（长期稳定、面向未来、睦邻友好、全面合作）和“四好精神”（永做好邻居、好朋友、好同志、好伙伴）的指引下，中越两国关系全面深入发展，两党、两国在各领域的友好交流、交往和互利合作不断加强。经过 30 多年的革新开放，越南由世界上最贫穷的国家之一，转身进入了中等收入国家的行列。

越南于 1995 年加入了东南亚国家联盟，1998 年加入了亚太经济合作组织（Asia-Pacific Economic Cooperation，APEC），2007 年加入了世界贸易组织（World Trade Organization，WTO），再加上国内生产总值（Gross Domestic Product，GDP）的大幅度增加、基础设施条件的有效改善、外国直接投资的稳步增长等关键因素，越南已颇受外国投资者的青睐。目前，越南政局稳定，对外开放程度较高，经济保持较快增长。但越南工业体系不完备，工业基础整体薄弱，政府行政效率处于比较低的水平。

随着越南经济的快速发展，投资环境不断得到改善，在地理区位、自然资源、社会文化以及政策制度等方面具有明显的优势。本章简要介绍了的越南投资环境，较为详细地阐述了越南的地理环境、社会文化环境和经济环境，本章的整体章节结构如图 1–1 所示。

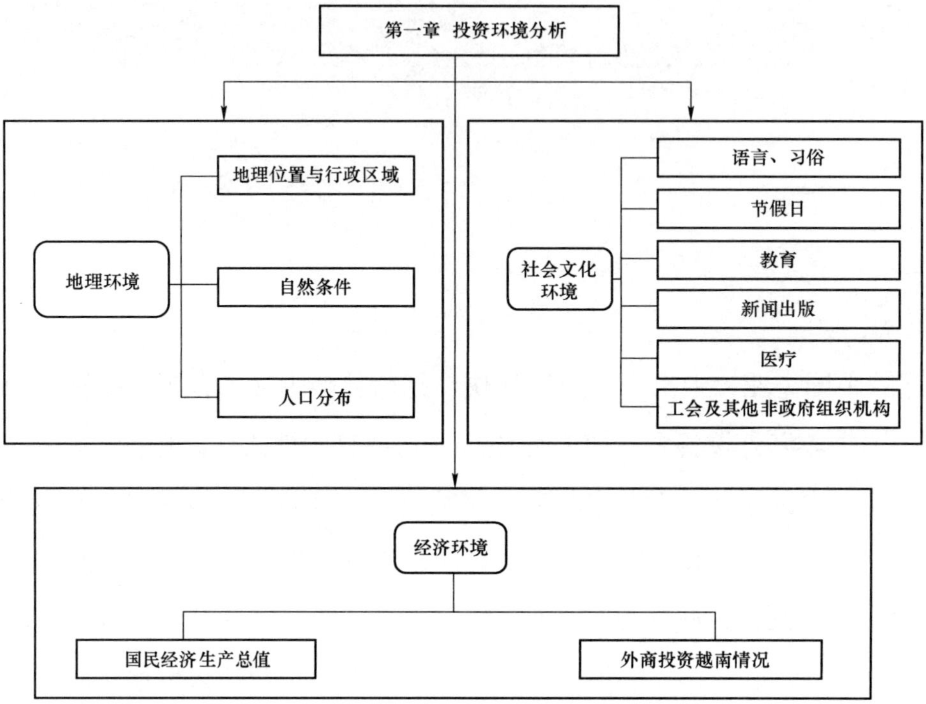

图 1–1 第一章结构

第一节 地 理 环 境

一、地理位置与行政区域

（一）地理位置

越南位于中南半岛东部，北与中国广西、云南接壤；西与老挝、柬埔寨交界；紧邻中国南海。越南地形狭长，呈 S 形。

（二）行政区域

越南首都河内位于红河三角洲平原中部，是越南全国的政治、文化中心，面积最大和人口第二大城市。河内旧称“升龙”，已有千年历史。水陆交通便利，有铁路、公路和航空线与全国主要省市相连。夏季平均气温 28.9℃，冬季平均气温 18.9℃。

胡志明市是越南最大的港口城市和经济中心，人口位全国之首，由原西贡、堤岸、嘉定三市组成，位于湄公河三角洲东北，西贡河右岸。据越南官方统计，胡志明市有华人约 50 万，市内第五郡（原堤岸市）是华人聚居的地区。胡志明市气候终年炎热，昼间温差不大。

二、自然条件

（一）自然资源

1. 资源丰富

矿藏资源分为能源类、金属类和非金属类等 50 多种矿产资源。

（1）能源矿藏主要有煤、石油和天然气。

（2）金属矿主要有铁、铬、铝、铜、镍、铅、钛矿等。

（3）非金属矿藏主有磷灰石、硫化矿、高岭土等。越南已探明煤炭储量约 38 亿 t，其中优质无烟煤约 34 亿 t，主要分布在广宁省境内，其余为褐煤和泥煤，主要分布在红河三角洲地区和湄公河三角洲地区。

（4）已探明石油和天然气储量分别约为 2.5 亿 t、3000 亿 m^3，主要分布在东南沿海和红河、湄公河三角洲地区。此外，已探明铁矿 13 亿 t、铝土矿 54 亿 t、铜矿 1000 万 t、稀土 2200 万 t、铬矿 2000 万 t、钛矿 2000 万 t、锆矿 450 万 t、镍矿 152 万 t、高岭土 2000 万 t。

2. 盛产作物

（1）越南盛产大米、玉米、橡胶、椰子、胡椒、腰果、咖啡和水果等作物。为了保持越南大米在出口活动中的价值，优质大米占主要地位，普通大米占出口比重较低。2017 年越南大米出口量 579 万 t，出口额 26.2 亿美元；出口蔬果 35 亿美元。2018 年越南大米出口 610 万 t，价值 30.4 亿美元，分别比 2017 年增加 5%和 16%。中国是越南大米的最大出口市场。

（2）森林面积约 1000 万 hm^2。

（3）越南渔业资源丰富，沿海有 1200 种鱼、70 种虾，仅北部湾就有 900 种鱼，盛产红鱼、鲐鱼、鳘鱼等多种鱼类。中部沿海、南部东区沿海和暹罗湾等海域，每年的海鱼产量都可达到数十万 t。

（二）气候条件

越南地处北回归线以南，高温多雨，属热带季风气候区。

1. 北部气候

越南北部四季分明，年平均气温 24℃左右，年平均降雨量为 1500～2000mm。北方分春、夏、秋、冬四季；南方雨旱两季分明，大部分地区 5～10 月为雨季，11 月到次年 4 月为旱季。越南北部即在海云山以北的省份位于春夏秋冬四季分明热带季风气候，其受从亚洲陆地来的东北风及东南风影响，湿度高。

2. 南部气候

越南南部即在海云山以南的省份，由于少受季风的影响，因此其热带气候比较温和、四季高温并分成旱季与雨季的两个季节。

第二节 社会文化环境

一、语言、习俗

越南最主要的语言是京族语言，即传统意义上的越南语。此外，越南语接收了一点法语和汉语的影响。

传统儒家思想和东方价值观在越南社会意识形态中占据主导地位。人们在日常生活中注重礼节，见面习惯打招呼或互致问候。称谓与问候很讲究，对长辈称大爹、大妈或伯伯、叔叔，对平辈称兄、姐，对儿童称小弟、小妹，对群众称乡亲们、父老们、同胞们（只在本国人之间用）。在国家机关、工作单位和越军部队里，一般称同志，但在最熟悉的人之间，也有称兄道弟，而不称同志。见面时，通行握手礼，苗、瑶族行抱拳作揖礼，高棉族多行合十礼。京族人不喜欢别人用手拍背或用手指着人呼喊。部分越南人有染齿的风俗和嚼槟榔习惯，越南人忌讳三人合影、一只火连续给三个人点烟，认为不吉利；忌讳被人摸头顶；席地而坐时，忌别人把脚对着自己。入室做客，宜脱鞋换上主人所备拖鞋。

二、节假日

法定节假日包括：元旦（1 月 1 日）、春节（农历正月初一）、雄王节（农历 3 月 10 日）、越南南方解放日（4 月 30 日）、劳动节（5 月 1 日）、中秋节（农历八月十五）、国庆节（9 月 2 日）。每周六、周日为公休日。

三、教育

越南拥有较完善的教育体系，主要分为学前教育、基础教育和高等教育三个阶段，其中学前教育为 6 岁以下，基础教育分为小学 5 级学制、初中 4 级学制、高中3级学制，高等教育分为大学专科或本科4～6级学制、硕士2年学制、博士4年学制。著名高等院校有河内国家大学、百科大学、顺化大学、岘港大学和胡志明市国家大学等。越南的学历文凭系统分为小学毕业证、初中毕业证（中专毕业证）、高中毕业证、大学毕业证、硕士和博士毕业证。学位系统包括秀才（高中毕业）、举人（学士）、硕士、进士（博士）四个等级，本科、硕士、博士生通过由国家学位委员会确认的学位授予单位组织的论文答辩后，获得由其颁发的学位证书。2000年，越南宣布完成扫盲和普及小学义务教育。2001年开始普及9年义务教育。

近年来，部分国家政府和国际组织向越南提供援助，支持越南发展教育事业，特别是发展农村和少数民族地区教育。2017年财政支出中用于教育的有215.167万亿越盾（约合94.7亿美元），同比增长10%。在2016～2017学年中，越南全国有1.5万所学前教育学校、508万名幼儿参加学前教育，师资31.7万名；有3万所小学及中学，1551万学生；268所大学及高等专科院校，181.8万大学生，师资7.6万名。越南《2011—2020年教育发展战略》总体目标是力争到2020年沿着标准化、现代化、社会化、民主化和融入国际的方向对越南教育制度进行基本且全面改革，教育质量得到全面提高。具体目标包括：2015年使5岁儿童的学前教育普及率达到100%；关于义务教育，力争至2020年适龄儿童小学入学率达99%、初中达95%、高中达80%，70%的残疾儿童接受教育；关于职业培训和大学教育，将调整职业结构和培训水平，力争到2020年接受职业培训和高等教育的劳动者比例达70%，1万人中有350～400名大学生。

四、新闻出版

越南新闻出版法规定报纸由国家控制。中央及地方新闻单位共450家。主要出版社有国家政治出版社、文化出版社、文学出版社、科技出版社、教育出版社和世界出版社等。各种出版物13 515种，年发行量2.18亿册。报社约150家，其余为行业小报。

（1）越南主要报刊有：①《人民报》，越共中央机关报，1951 年创刊，1998 年 5 月开设电子版；②《人民军队报》，越南人民军总政治局机关报；③《大团结报》，祖国阵线中央机关报；④《西贡解放报》（越文和中文版），越共胡志明市委机关报；⑤《共产主义》月刊，越共中央政治理论刊物，1956 年创刊，2001 年设电子版；⑥《全民国防》月刊。

（2）越南通讯社。国家通讯社，1945 年创立，1976 年越南南方解放通讯社与之合并。在全国各省市均设有分社，驻外分社有 27 个。1998 年 8 月开设互联网（越、英、法、西班牙文）。

（3）“越南之声”广播电台。成立于 1954 年，有四套对内节目，用越南语及数种少数民族语言播音；对外广播用汉语（普通话）、粤语、俄语、英语、法语、西班牙语、日语、泰语、老挝语、柬埔寨语、印尼语、马来语等。

（4）越南中央电视台。成立于 1971 年，目前有 7 套节目。

五、医疗

越南于 1947 年开始实行社会保障制度，并于 1961、1981、1985 年和 1995 年陆续进行修改和补充。社会保障制度规定劳动者享有病假、产假和工伤假，可享受退休金、伤残补贴和遗属津贴等。政府为全体国民承担部分检查和治疗费用。自 2010 年 2 月 1 日起，越南 6 岁以下儿童强制加入医疗保险。据统计，2016 年越南全国医疗卫生保险覆盖率达 81.7%。全国参加社会、医疗、失业等保险人数为 7610 万人，达计划的 101.5%。其中，强制性社会保险参保人数为 1290 万名；失业保险参保人数为 1110 万名；自交社保人数 20.3 万名和医疗保险参保人数为 7590 万人。越南人口平均寿命为 73.5 岁，其中女性平均寿命 76.2 岁，男性平均寿命 70.9 岁。

在越南常见疾病有消化道、伤寒、副伤寒、小儿麻痹、甲肝及寄生虫感染等疾病。上述疾病均可能经过不洁食物及饮水感染。

据世界卫生组织统计，2016 年越南全国医疗卫生总支出占 GDP 的 6%。

六、工会及其他非政府组织机构

越南劳动联合总会为全国最高工会组织。越南企业一般都设有工会。工会代表由工人选举产生，设主席一名，副主席若干名。近年来，工会在保障企业员工利益，特别是增加工人工资方面发挥了重要作用。越南工商会为全国最大的企业组织，主要职能是加强企业间合作，反映企业意愿，保护企业合法权益，在国内外举行和参加各种展会和论坛，以及为企业开拓国外市场提供服务等。

随着越南吸引外资的增加，企业及劳动者的数量不断上升，罢工现象时有发生，发生罢工的企业主要集中在胡志明市、平阳、同奈、隆安等南部省市，涉及纺织服装、制鞋、机械、电子等行业，主要针对外资企业，以台资、韩资企业为主，本地企业罢工相对较少。近两年，少数中资企业也遭遇罢工。大部分罢工由工人自发组织，目的是要求企业提高薪资、改善生活及工作条件。

第三节 经济环境

近年来，越南的经济发展持续呈现较快增长的发展态势，经济总量不断扩大，基本形成了以国有经济为主导、多种经济成分共同发展的格局。

一、国民经济生产总值

自 1990 年以来，越南一直是全球人均 GDP 增速增长最快的经济体之一，2000 年以来的平均增速为 6.4%。尽管近年来全球经济不景气，但是越南的经济仍然稳步向上，并且保持稳定发展趋势。2016 年 3 月，越南国会十三届十一次会议通过《关于 2016～2020 年五年经济社会发展规划》，5 年内越南 GDP 平均增幅 6.5%～7%，到 2020 年人均 GDP 达到 3200～3500 美元，工业和服务业占 GDP 比重的 32%～34%，财政赤字控制在 GDP 的 4%以下，单位 GDP 能耗年平均下降 1%～1.5%，城市失业率控制在 4%以下。

2000～2007 年期间，越南加入 WTO 之前，其 GDP 基本保持在 7%以上的高增速。2008 年，受全球金融危机的影响，越南经济增速回落至 5%～7%的水平。2018 年度，越南 GDP 达到 5.5 万亿越南盾，增速达 7.08%，人均 5850 万越南盾，约合 2587 美元，同比增加 198 美元。在国民经济结构中，第一产业增长 3.76%，对 GDP 贡献率达到 8.7%；第二产业增长 8.85%，对 GDP 贡献率 49%；第三产业增长 7.03%，对 GDP 贡献率 43%。2008～2018 年期间越南 GDP 的增速情况如图 1－2 所示，2018 年增幅最大，2012 年的增幅最小。

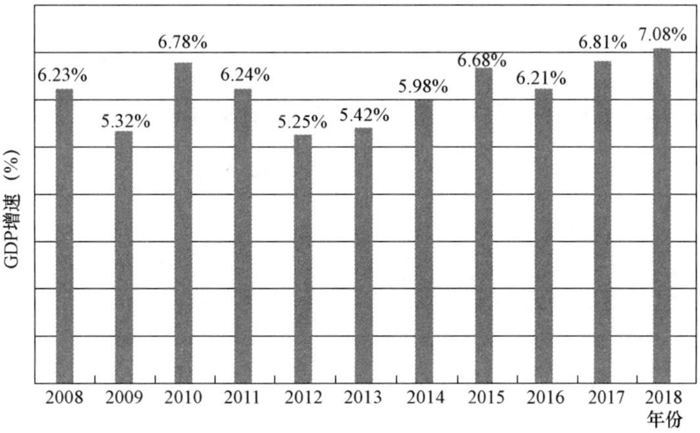

图 1－2　2008～2018 年期间越南 GDP 的增速情况

此外，越南外汇储备大幅增加，截止到 2018 年 1 月 12 日，越南外汇储备 545 亿美元。与此同时，越南政府一直努力维持通货膨胀率稳定，2018 年度的通货膨胀率为 3.5%。2018 年全年平均消费者物价指数同比上升 3.54%。

二、外商投资越南情况

在东南亚地区国家中，越南是少数对外资全面开放的国家之一。为加大吸引外资力度，越南第五次修订了《投资法》，并于 2015 年 7 月 1 日正式生效。2016 年 11 月，越南国会通过《关于〈投资法〉附条件投资经营行业 4 号目录的修订草案》，决定自 2017 年 1 月 1 日起正式取消 20 项业务的投资经营限制条件。

2017 年，越南新增和追加投资及通过购买股份共计 358.8 亿美元，增长 44.4%。实际投资 175 亿美元，增长 10.8%。新增项目 2591 个，注册资本 212.7 亿美元，增长 42.3%。追加投资项目 1188 个，总计 84 亿美元，增长 49.2%。外商通过购入企业股份新增资本计 62 亿美元，增长 45.1%。

2018 年，越南新批外资项目增资 75.9 亿美元，同比下降 9.7%；外资收购股权 6496 起，协议金额达到 98.9 亿美元，同比增加 59.8%。外资企业对 18 个经济领域进行了投资，其中加工制造业吸引外资 165.8 亿美元，占比 46.7%；房地产吸引外资 66 亿美元，占比 18.6%；批发零售业吸引外资 36.7 亿美元，占比 10.3%。2018 年，有 112 个国家和地区对越南进行投资。其中，日本投资总额 85.9 亿美元，占比 24.2%；韩国 72 亿美元，占比 20.3%；新加坡 50 亿美元，占比 14.2%；中国对越南投资总额达到 24.6 亿美元。

第二章 电力工业现状及工程建设市场

近年来，越南电力工业运行状况良好，电力供应能力不断增强，电力需求得到极大保障。与此同时，相比较于东南亚地区其他国家，越南电价处于较低水平，农村地区的电气化水平大为提升，输配电线损持续下降。目前，越南以水力和火力发电为主，在东盟国家中排名第二。与此同时，为适应清洁能源发展大趋势，减少环境污染，越南政府鼓励对太阳能、风能等清洁能源领域进行投资。伴随经济的快速发展，越南加大公路、铁路、建筑及电力等基础设施建设投资力度，制定和通过了能源、电力、交通、通信和供水等重点领域国家中长期规划，弥补现有基础设施的缺口，满足整个社会生产和人民生活的需要。

本章主要介绍越南电力工业现状和电力工程建设市场近况：一是越南电力工业发展现状，涉及越南电力系统概况、电价情况、电力体制改革情况及电力发展规划；二是概述越南工程建设市场的基本情况，囊括越南工程承包市场的特点、越南对外国企业承揽当地工程的要求、中国企业开拓越南电力市场的现状及其面临的问题。本章节的主要架构如图 2－1 所示。

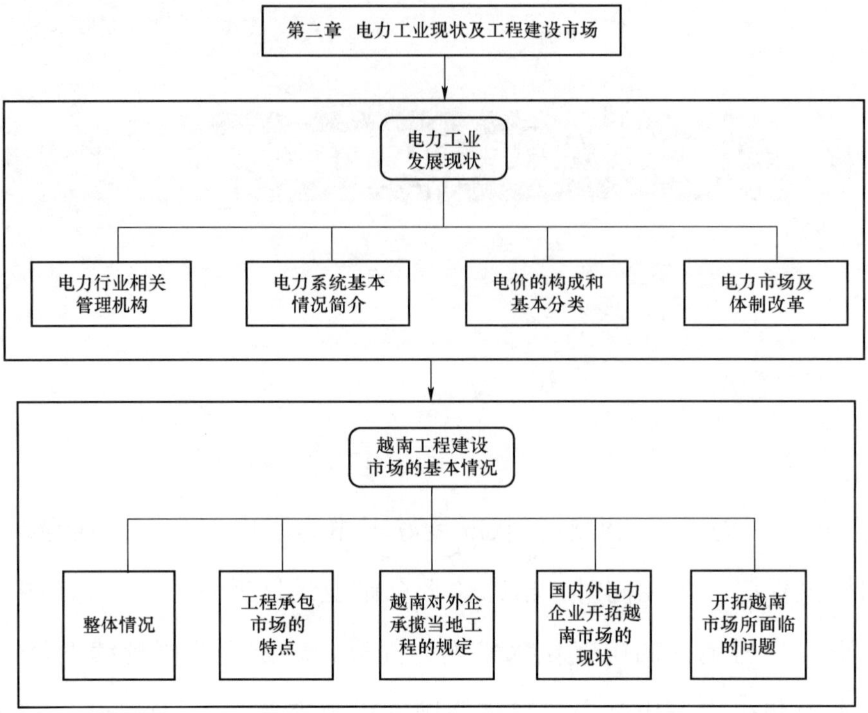

图 2-1 第二章结构

第一节 电力工业发展现状

一、电力行业相关管理机构

在越南，中央政府代表国家对全国范围内的电力经营活动和用电活动实施统一国家管理。电力行业相关管理机构主要包括越南工业与贸易部（Ministry of Industry and Trade of the Socialist Republic of Vietnam，MOIT）、越南能源局、越南国家电力集团（Vietnam Electricity，EVN）。

其中，MOIT 代表政府行使对电力经营活动和用电活动实施国家管理。各部、省级的机关在各自的职责、权限范围内有责任会同工贸部对电力经营活动和用电活动实施国家管理。各级人民委员会在各自的职责、权限范围内有责任对地方电力经营活动和用电活动实施国家管理。外资企业投资越南国内电力产业需在越南电力监管局进行备案，并通过越南能源总局、越南工贸部的审核。

EVN 是集越南全国电力生产、供应和分配调度于一体的电力中枢企业，其使命是确保越南的社会经济增长可以获得充足的电力保障，并通过不断服务质量来满足用户的需求。

（一）越南工业与贸易部

越南工业与贸易部主要负责制定越南能源工业政策，肩负着对越南国有资产的监管职责，相当于我国的国资委。所有大型投资项目都需要经工业部批准，或通过工业部提交总理批准，所有管制性价格的审批权也都在工业部，这部分职能又类似于我国的发改委。其他与能源工业和能源投资相关的部门还包括总理办公室、计划投资部、自然资源和环境部、越南国家银行及各个省的人民委员会等。

越南工业与贸易部的组织架构主要包括行政部门、贸易办公室和公共服务单位。其中，行政部门主要由管理部门（计划部门、金融与业务创新部、科技处、亚非市场部、欧美市场部、多边贸易政策部、国内市场部，石油、天然气和煤炭部、能源效率与可持续发展部、人事与组织部、法律事务部、监督监察部和外交办公室）和机构理事会构成；贸易办公室分为欧洲市场、亚太市场、美国市场和非洲—西亚—南亚市场构成；公共服务单位由相关机构（越南工业和贸易政策与战略研究所、皮革和制鞋研究院）、大学和中心组成。

（二）越南能源局

越南能源局于 2011 年 11 月 25 日正式挂牌成立，隶属于 MOIT，协助 MOIT 履行国家对包括电力、核电、油气、煤炭等能源的管理任务。越南能源局下辖 14 个行政管理和直属单位，具有独立法人资格，独立账户，配有国徽图案的公章，总局地址在河内市。首任总局长为范孟胜。

（三）越南国家电力集团

1. EVN 的产生与发展

原越南国家电力总公司于 1994 年 10 月 10 日成立，是越南电力工业的负责机构，它在越南工业与贸易部的领导下，负责越南国有电力的投资、运行、维护和管理。原越南国家电力总公司旗下拥有 7 家供电公司、4 家输电公司、4 家电力工程咨询公司、多家电力设备制造厂商及国家电力调度中心等。此外，原越南国家电力总公司还直接投资建设和拥有越南绝大多数电厂的产权，同时也在多数独立电厂中拥有股权。

越南国家电力总公司于 12 月 17 日正式重组为越南国家电力集团，注册资本为 483 757 亿越南盾，供电面积 329 556km^2，供电用户达 1000 万。EVN 按照母子公司的形式进行生产经营，具有多种所有制。2010 年 6 月 25 日，越南总理发布第 975 号决定，将 EVN 改制成为一人有限责任公司（简称“一人公司”“独资公司”或“独股公司”）。

2. EVN 组织架构

EVN 拥有自己的大型水力发电厂和燃煤发电厂，总装机容量为 28 169MW，占全国发电系统的 58%。EVN 还控制着三家发电公司（GENCO 1、2、3），其中一家输电公司公司（国家输电公司 – EVNNPT）和五个地区性配电公司（分别为北部、中部、南部及河内和胡志明市两个城市）。EVN 通过国家负荷调度中心管理国家电力系统的运行。EVN 的组织架构如图 2–2 所示。

3. EVN 的经营业务及业绩

（1）经营业务。EVN 经营多种业务，其主营业务涵盖全国电力的发、输、配、售各环节，以及公共通信和电力设备制造。此外，EVN 还从事电力工程建设、进出口、银行、运输、旅游等辅助性业务。

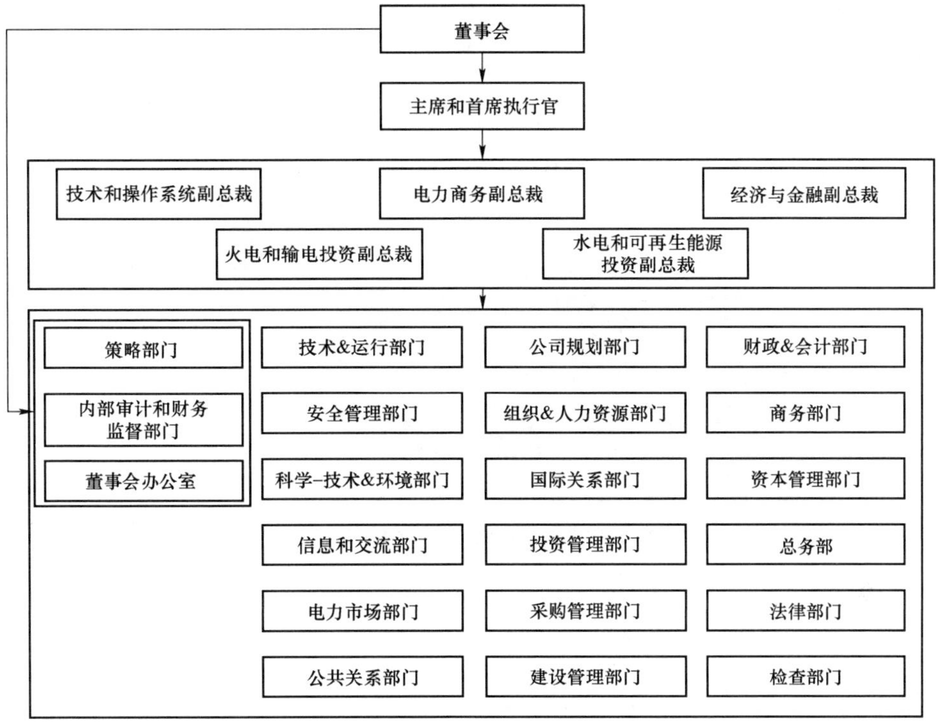

图 2－2　EVN 组织架构示意图

（2）经营业绩。2018 年 EVN 的总收入增长了 15%，完成了电力生产和供应的年度任务。发电和购买总电量为 2123 亿 kWh，比上年增长 10.05%。电力销售达到 1923.6 亿 kWh，比 2017 年增长 10.14%，为超过 2500 万客户提供服务。输电总量增长了 10.88%，为南部 20%的电力需求提供了 184.2kWh 的电能。客户服务得到改善，客户满意度达到 8.11%，比 2017 年提高了 0.14%。截至 2018 年，EVN 的偿债备付率（Debt Service Coverage Ratio，DSCR）为 2.22，SFR 为 31.03%，使电力业务实现了盈利。平均电价保持在 1731 越南盾/kWh（约合 7.5 美分/kWh）。

2018 年，按客户类型划分的电力销售情况如图 2－3 所示。2013～2018 年期间，电力销售增长情况如图 2－4 所示，整体呈现出稳中有升的发展趋势。

2011～2015 年期间，EVN 完成了从非核心业务的撤资工作，获得 2.3 万亿越南盾的收入，实现资本盈余 1270 亿越南盾；对其子公司完成重组工作，改组为从事电力生产、发电和配电的专业公司。EVN将其第三发电公司（GENCO 3）改制为股份公司。2019年，EVN从其下属6家公司中完成2家公司撤资和减资，出售收入超过2950亿越南盾（折合1270万美元）。自此，EVN开始逐步从核心和非核心业务的撤资工作。

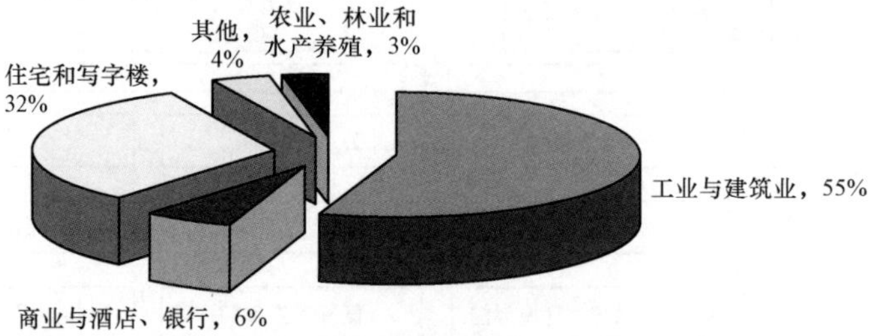

图2-3　2018年电力销售情况（按客户类型划分）

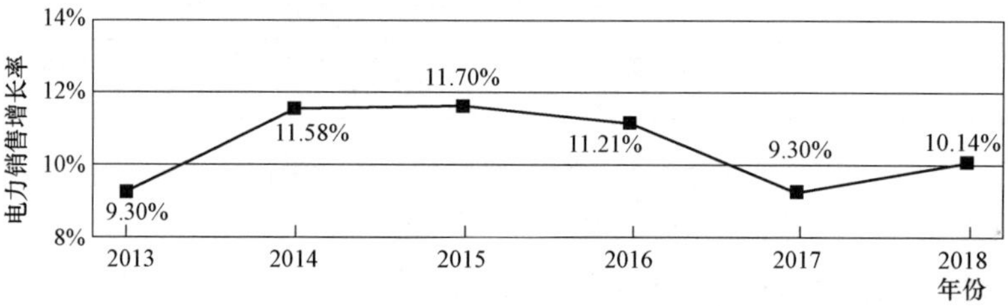

图2-4　2013～2018年期间电力销售增长情况示意图

二、电力系统基本情况简介

（一）电源结构

1. 装机容量

根据越南国家电力集团公开发布的越南电力年度报告数据显示，截至2018年12月31日，越南的装机容量达到48 573MW。相比较于2016年增加22 689MW，增加了46.71%。2018年越南发电装机容量及结构如表2-1和图2-5所示。

表 2－1　　2018 年越南发电装机容量及结构

序号	发电类型	装机容量（MW）	占比（%）
1	水力发电	17 031	35.06
2	可再生能源	3476	7.16
3	燃煤	18 516	38.12
4	燃气＋燃油	8978	18.48
5	进口	572	1.18

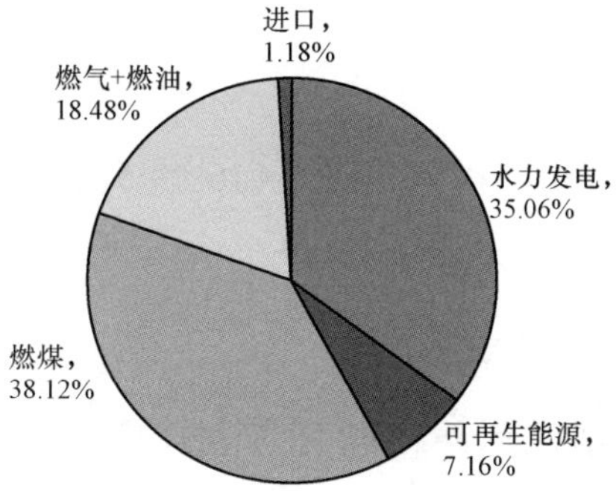

图 2－5　2018 年越南发电装机容量及结构示意图

综上，根据 EVN 的公开数据，分类型来看，水力发电 17 031MW，占比 35.06%；可再生能源 3476MW，占比 7.16%；燃煤 18 516MW，占比 38.12%；燃气和燃油共计 8978MW，占比 18.48%；进口 572MW，占比 1.18%。

2. 发电量

截至 2018 年 12 月 31 日，EVN 发电和购买总电量为 2123 亿 kWh，比上年增长 10.05%。2018 年，EVN 水力发电占比 40.03%，燃煤占比 39.52%，燃油和燃气占比 18.88%，燃气/联合循环占比 0.10%，从中国和老挝进口占比 1.47%。

（二）电网结构

越南国家电网覆盖全国所有的省份，包括 96%的县和 78%的村。

越南现有输配电系统急待改进，由于投资少、程序不完善和维护不力等原因，造成很多地区线路超载、电力损耗增大，甚至时常发生跳闸事故。根据地理位置和负荷分布划分为北部电网、中部电网和南部电网。北部电网从 Cao bang 省延伸到 Ha Tinh 省，中部电网由 QuangBinh 省延伸到 Khanh Hoa 省（并包括 4 个高地省），南部电网由 Khanh Hoa 省延伸到 CaMau 省（并包括 1 个高地省）。目前，电网主要包括 500、220、110kV 和 66kV 这 4 个电压等级。

EVN 于 2008 年 4 月 22 日在重组 4 家输配电公司（PTC1、PTC2、PTC3、PTC4）和北、中、南 3 家电力工程项目管委会（AMB、AMT、AMN）基础上成立越南国家输配电总公司（EVNNPT）。截至 2016 年 12 月底，EVNNPT 共运行输配电网线路 23 517km，其中包括 7446km 500kV 线路、16 071km 220kV 线路；变电站总容量达到 67 638MVA，其中 500kV 变电站容量达到 26 100MVA，220kV 变电站容量达到 41 538MVA。

根据 EVN 的公开数据显示，在越南国家输电网络方面，截至 2018 年 12 月 31 日，越南拥有 500kV 线路 7516km，220kV 线路 17 360km，500kV 变压器 33 300MVA，220kV 变压器 52 688MVA。在配电网建设方面，拥有 220kV 线路 110km，110kV 线路 19 628km，中低压线路 491 777km，220kV 变压器 4250MVA，110kV 变压器 53 415MVA，中低压变压器 48 147MVA。

（三）电力发展规划

越南电力发展规划包括国家电力发展规划和地方电力发展规划。

电力发展规划必须经过编制、审批，旨在作为各类电力发展投资经营活动的依据并进行调整使其与各个时期的经济社会条件相适应。越南地方电力发展规划是指省、中央直辖市的电力发展规划，它包括县、区、市、省辖市的电力发展规划。地方电力发展规划在地方经济社会发展战略基础上制定并且必须与国家电力发展规划和相关的其他规划相适应。地方电力发展规划以 5 年作为一个阶段制定并且为后续的 5 年确定方向。一切组织、个人的任何电力活动都必须符合经过国家主管部门批准的电力发展规划。越南国家电力发展规划由越南工业部组织编制并呈报政府总理审批；省、中央直辖市人民委员会（即政府，以下统称省级人民委员会）组织编制地方电力发展规划，在呈报工业部部长审批之前呈报同级人民议会通过；指导组织编制和审批县、区、市、省辖市的电力发展规划；公布并指导、跟踪、检查执行已经批准的地方电力发展规划事宜。

越南最新的电力发展规划是 2011 年 7 月越南政府总理批准的越南 2011～2020 年电力发展规划和至 2030 年展望。根据该规划，至 2015 年越南自产及外购电量约达 1940 亿～2100 亿 kWh；至 2020 年约达 3300 亿～3620 亿 kWh；至 2030 年约达 6950 亿～8340 亿 kWh。同时，逐渐形成和发展竞争力电力市场，实现电力经营和投资方式的多元化，国家只控制电网的所有权以保证国家能源系统安全。至 2020 年对电力行业投资约达 929.7 万亿越南盾（相当于 488 亿美元，年均投资 48.8 亿美元）；2021～2030 年阶段约投资 1429.3 万亿越南盾（相当于 750 亿美元）。规划确定将优先发展再生能源，不断提高再生能源电量比例，将由 2010 年的 3.5%提高到 2020 年的 4.5%、2030 年提高到 6%。另外，还将优先发展水电项目，水电功率由现在的 9200MW 提高到 2020 年的 17 400MW。预计 2030 年，核能发电功率将达 10 700MW，电力产量约为 705 亿 kWh。至 2020 年，越南各电厂发电总功率将达 75 000MW。其中，水电占 23.1%、蓄能电站占 2.4%、热电占 48%、进口电力占 3.1%。

鉴于电力需求的不断扩大及水电、火电发展的有限性，越南开始考虑发展核能发电并已纳入规划，并希望到 2030 年核电能够成为主要能源来源之一。2011 年 7 月，越南政府总理批准了《至 2030 年越南核电发展指导规划》，根据该规划，越南拟在宁顺、平定、富安、河静、广义 5 省建设 8 座核电站。

为适应清洁能源发展潮流，减少环境污染，越南政府也鼓励对太阳能、风能等清洁能源领域的投资。2011 年 6 月，越南政府出台关于风电发展机制的第 37 号决定，提出鼓励风电发展的政策措施，包括将风电并网价格提高至 7.8 美分/kWh（火电和水电并网价格约 5.5 美分/kWh），将风力发电列入越南第七个电力发展规划，计划到2020年将风电功率提高至100万kW。此外，越南还鼓励利用太阳能、生物质能和地热等可再生能源发电。2017年4月中旬，越南对构成太阳能项目固定资产的进口货物进行免税。太阳能发电项目、输变电项目所占土地可减免土地和水域的使用费、租赁费。同时，责成EVN以2086越南盾/kWh（约合9.35美分/kWh）的价格全额收购并网太阳能发电站所生产的全部电力。

2018年9月中旬，越南政府总理签发关于扶持越南风电项目发展的修改补充决定，拟大幅提高并网风电收购价格。决定规定，EVN负责全部收购风电电力，对2021年11月1日前投入商业运营的风电项目，陆地项目并网价格为1928越南盾/kWh（不含增值税，以2018年8月30日越南国家银行公布的汇率中间价22 683越南盾/美元计算约为8.5美分/kWh），海上项目并网价格为2223越南盾/kWh（不含增值税，以2018年8月30日越南国家银行公布的汇率中间价22 683越南盾/美元计算约为9.8美分/kWh），电价将随汇率变动作相应调整，上述电价有效期自项目投入商业运营起为20年。

三、电价的构成和基本分类

越南销售电价按照用户种类和电压等级分类，大部分用户都采用分时电价，对城市居民实行分档递增。随着用电量增加，电价递增。但不同用户间电价的交叉补贴也同样较为严重，主要是城市补贴农村，工业商业和外资补贴居民。

越南政府严格控制电力零售价格，要由内政部、总理批准才能进行调整。

电力调节部门协助工贸部部长编制零售价目表呈报政府总理审批。

发电、电力批发价格体系和各类电力输送、电力分配、电力系统调度、电力市场交易管理费、各类辅助服务费由相关的电力企业制定，电力调节部门审核后呈报工贸部部长审批。

电力买卖合同的发电电价、电力批发价、电力零售价由各个电力企业规定，但是不得超过国家主管部门批准的价格体系、价目表。

（一）电力零售价

截至 2020 年，根据 EVN 公开的数据显示，越南电力零售价包括生产行业电力零售价、行政和非业务部门电力零售价、商业电力零售价以及其他（家庭活动用电的零售价、预付卡电表的零售价）4 类。

1. 生产行业电力零售价

生产行业电力零售价按照电压等级的不同划分为 4 类，分别是：电压等级 110kV 及以上、电压等级从 22kV 到小于 110kV、电压等级从 6～22kV 以下，以及电压等级低于 6kV。生产行业电力零售价如表 2-2 所示。

表 2-2　生产行业电力零售价　单位：越南盾/kWh

电压等级（kV）	价格		
	正常时间	非高峰时间	高峰时间
电压等级≥110	1.536	0.97	2.759
22≤电压等级＜110	1.555	1.007	2.871
6≤电压等级＜22	1.611	1.044	2.964
电压等级＜6	1.685	1.100	3.076

关于正常时间、非高峰时间和高峰时间的解释说明如下：

（1）正常时间。① 周一至周六：从 04:00 到 09:30（5h 30min）；从 11:30 到 17:00（5h 30min）；从 20:00 到 22:00（02h）。② 周日：从 04:00 到 22:00（18h）。

（2）高峰时间。① 周一至周六：从 09:30 到 11:30（2h）；从 17:00 到 20:00（3h）。② 周日：无高峰时间。

（3）非高峰时间。一周中的所有天：第二天早上 22:00 至 04:00（6h）。

2. 行政和非业务部门电力零售价

行政和非业务部门电力零售价分为两类：一类是医院、幼儿园、学前班、普通教育学校；另一类是公共照明、行政和非营业单位。行政和非业务部门电力零售价如表2–3所示。

表2–3　　行政和非业务部门电力零售价　　单位：越南盾/kWh

电压等级（kV）	医院、幼儿园、学前班、普通教育学校	公共照明、行政和非营业单位
电压等级≥6	1.659	1.827
电压等级＜6	1.771	1.902

3. 商业电力零售价

商业电力零售价按照电压等级的不同划分为3类，分别是：电压等级22kV及以上、电压等级从6～22kV以下、电压等级低于6kV，商业电力零售价如表2–4所示。

表2–4　　商业电力零售价　　单位：越南盾/kWh

电压等级（kV）	价格		
	正常时间	非高峰时间	高峰时间
电压等级≥22	2.442	1.361	4.251
6≤电压等级＜66	2.629	1.547	4.400
电压等级＜6	2.666	1.622	4.587

4. 其他

本部分主要是展示家庭活动用电的零售价和预付卡电表的零售价，如表2–5所示。其中：家庭活动用电的零售价分为6个级别。

其中，对于租住房屋的学生和劳工：① 如果租期少于12个月且房东无法完全申报用电量。② 如果房东已完全宣布用电人数，则电力销售商负责根据临时住所簿或证明管理该地区的警察机构的临时住所的文件向房主发布规范。每4个人中，有1户用电计算适用于日常生活用电零售价的标准。

表2-5　　家庭活动用电的零售价和预付卡电表的零售价

单位：越南盾/kWh

序号	类别	级别	价格
1	家庭活动用电的零售价	1级：0～50kWh	1.678
		2级：51～100kWh	1.734
		3级：101～200kWh	2.014
		4级：201～300kWh	2.536
		5级：301～400kWh	2.834
		6级：401以上kWh	2.461
2	预付卡电表的零售价		2.461

（二）电力批发价

截至2020年，根据EVN公开数据显示，越南电力批发价涉及农村地区电力批发价、集体区域（居民区）电力批发价、服务用电批发价格以及工业园区批发价格。

1. 农村地区电力批发价格

农村地区电力批发价格如表2-6所示。

表2-6　　农村地区电力批发价格　　单位：越南盾/kWh

序号	类别	级别	价格
1	生活	1级：0～50kWh	1.403
		2级：51～100kWh	1.459
		3级：101～200kWh	1.59
		4级：201～300kWh	1.971
		5级：301～400kWh	2.231
		6级：401以上kWh	2.323
2	其他目的		1.473

2. 集体区域（居民区）电力批发价格

集体区域（居民区）电力批发价格如表 2–7 所示，主要分为城镇和镇区两大类。每一类又按照使用目的进行细分。

表 2–7　　集体区域（居民区）电力批发价格　　单位：越南盾/kWh

<table>
<tr><th>序号</th><th>地区</th><th>类别</th><th>投资者</th><th>级别</th><th>价格</th></tr>
<tr><td rowspan="13">1</td><td rowspan="13">城市</td><td rowspan="12">生活</td><td rowspan="6">变电站由电力卖方投资</td><td>1 级：0～50kWh</td><td>1.568</td></tr>
<tr><td>2 级：51～100kWh</td><td>1.624</td></tr>
<tr><td>3 级：101～200kWh</td><td>1.839</td></tr>
<tr><td>4 级：201～300kWh</td><td>2.327</td></tr>
<tr><td>5 级：301～400kWh</td><td>2.625</td></tr>
<tr><td>6 级：401 以上 kWh</td><td>2.713</td></tr>
<tr><td rowspan="6">变电站由购买者投资</td><td>1 级：0～50kWh</td><td>1.545</td></tr>
<tr><td>2 级：51～100kWh</td><td>1.601</td></tr>
<tr><td>3 级：101～200kWh</td><td>1.786</td></tr>
<tr><td>4 级：201～300kWh</td><td>2.257</td></tr>
<tr><td>5 级：301～400kWh</td><td>2.538</td></tr>
<tr><td>6 级：401 以上 kWh</td><td>2.652</td></tr>
<tr><td colspan="3">其他目的</td><td>1.485</td></tr>
<tr><td rowspan="13">2</td><td rowspan="13">城镇</td><td rowspan="12">生活</td><td rowspan="6">变电站由电力卖方投资</td><td>1 级：0～50kWh</td><td>1.514</td></tr>
<tr><td>2 级：51～100kWh</td><td>1.57</td></tr>
<tr><td>3 级：101～200kWh</td><td>1.747</td></tr>
<tr><td>4 级：201～300kWh</td><td>2.21</td></tr>
<tr><td>5 级：301～400kWh</td><td>2.486</td></tr>
<tr><td>6 级：401 以上 kWh</td><td>2.569</td></tr>
<tr><td rowspan="6">变电站由购买者投资</td><td>1 级：0～50kWh</td><td>1.491</td></tr>
<tr><td>2 级：51～100kWh</td><td>1.547</td></tr>
<tr><td>3 级：101～200kWh</td><td>1.708</td></tr>
<tr><td>4 级：201～300kWh</td><td>2.119</td></tr>
<tr><td>5 级：301～400kWh</td><td>2.399</td></tr>
<tr><td>6 级：401 以上 kWh</td><td>2.48</td></tr>
<tr><td colspan="3">其他</td><td>1.485</td></tr>
</table>

3. 服务用电的批发价格

服务用电的批发价格如表 2–8 所示。

表 2–8　　服务用电的电力批发价格　　单位：越南盾/kWh

序号	类别	级别	价格
1	生活用电批发价	1 级：0～50kWh	1.646
		2 级：51～100kWh	1.701
		3 级：101～200kWh	1.976
		4 级：201～300kWh	2.487
		5 级：301～400kWh	2.780
		6 级：401 以上 kWh	2.871
2	其他用途的电力批发价	正常时间	2.528
		非高峰时间	1.538
		高峰时间	4.349

4. 工业园区电力批发价格

工业园区的电力批发价格如表 2–9 所示。

表 2–9　　工业园区电力批发价格　　单位：越南盾/kWh

类别		价格		
		正常时间	非高峰时间	高峰时间
110/35/22/10/6kV 变压器 110kV 母线处的电力批发价	变压器总装机容量≥100MVA	1.480	0.945	2.702
	50MVA≤变压器总装机容量＜100MVA	1.474	0.917	2.689
	变压器总装机容量＜50MVA	1.466	0.914	2.673
110/35/22/10/6kV 中压侧的批发价格	22kV≤电压等级＜110kV	1.526	0.989	2.817
	6kV≤电压等级＜22kV	1.581	1.024	2.908

四、电力市场及体制改革

（一）电力市场

作为越南电力工业改革的重要里程碑，越南于 2004 年通过了新的《电力法》，为越南实施以市场化为导向的电力改革奠定了法律基础。根据新《电力法》的指导，越南正在实施长期规划，以解除垂直一体化的电力工业管制结构，重组电力工业，促进电力市场健康发展。

自 2018 年以来，越南的竞争性发电市场一直以透明的方式，按照相关规章制度来执行。90 家发电厂的总装机容量为 23 054MW，直接参与了电力市场，占全国电力系统的 52.6%。此外，越南的电力批发市场自 2018 年开始试行，EVN 已在 2019 年完成电力批发市场运营的信息和技术基础设施建设工作。根据越南新《电力法》规定，越南电力市场建设大致经历三个阶段：第一阶段侧重于发电侧竞争，第二阶段侧重于电力批发市场，第三阶段侧重于电力零售市场。

第一阶段包括建立和运营单一购买者竞争性电力市场。单一购买者提供电力给配电网和大用户。在这种模式下，电力市场包括：

（1）发电公司，大部分通过合同，少量通过现货市场向电力市场售电。

（2）建立输电公司。

（3）转变国家电力调度中心为系统运营者。

（4）承担单一购买者职能，进行批发买卖电量交易。

（5）建立市场运营者进行现货市场结算。第一阶段不要求配电公司参与，但要求配电公司增强市场化意识，学习交易和合同知识，以适应未来的改革。

第一阶段是 2005～2014 年，先开展了 EVN 内部模拟市场，即目前越南电力市场所处的运营状态，其目的是为正式运行做准备；从 2009 年起，全面引入发电侧竞争，但 EVN 仍为单一购买者，同时为进入趸售市场做准备。

第二阶段是 2015～2022 年，首先进行了模拟批发市场，其目的是检验市场机制设计和技术支持系统，培育市场主体；从 2016 年起，正式引入批发市场，在配电侧引入竞争，形成多买多卖的市场格局，让大用户在市场中有更多的选择权，同时为进入零售市场做准备。

第三阶段是从 2023 年开始，先开始时间模拟零售市场，一定规模的用户将在市场中拥有选择权。从 2024 年起，正式引入零售市场，在零售侧引入竞争，完成电力市场发展改革规划。

（二）电力体制改革

所谓 EVN 的资本化主要是指：将 EVN 拆分为几个不同的股份制公司，而国家政策要求 EVN 对这些新成立的股份制公司至少应持有 51%的股份。2005 年，EVN 通过股票市场顺利完成了 3 个发电公司的首次公开 IPO（Initial Public Offering）招募，通过 IPO 招募的资金达 13 180 亿越南盾。至 2006 年底，EVN 已对 40 个成员公司进行了股份化，其中 27 个已顺利完成了股份化的过程并转换成为股份有限公司。

由于电力工业的特殊性，越南各省的电力部门股份化改造过程中也面临不同的困难和障碍。这些困难和障碍主要是来自于 EVN 和其股份公司未经确认的公共利益基金和政策。为了使股份化切实可行，EVN 强烈建议政府和工业部建立必要的机制，以使 EVN 内部的股份化能够顺利实施。

第二节　越南工程建设市场的基本情况

一、整体情况

越南工程承包市场形成于 20 世纪 90 年代初期。近年来，越南经济持续快速发展，每年有大批基础设施工程和工业项目上马，且大都通过国际招标选择承包商。特别是越南 2005 年加入世贸组织后并加快融入地区和国际经济，不断拓展与其他国家的自由贸易网络。例如，继 2015 年和 2016 年《越南—韩国自由贸易协议》和《越南—欧亚联盟自由贸易协议》先后生效后，2018 年 11 月，越南第 14 届国会第 6 次会议表决通过决议批准了《全面与进步跨太平洋伙伴关系协议》(CPTPP)，这些协定都为经济发展提供了新的动力，承包工程市场也更趋活跃。

目前，越南工程建设市场表现强劲，受金融危机后经济复苏、政府大力兴建基础设施和住房投资的影响，预计这一增长势头将持续到 2021 年。同时显著的人口增长更助推了市场紧迫性。

越南工程市场大有可期，随着经济的快速增长，越南吸引了越来越多的投资，国内落后的基础设施已经成为经济发展阻碍，因此政府制订了基础设施发展规划，这为工程市场提供了巨大的发展空间。

我国企业 1992 年开始进入越南工程承包市场，目前越南已成为我国在东南亚地区的主要承包工程市场之一。目前，中资企业在越南电力工程建设市场有较强竞争力，已经完成和正在实施的电力项目包括：海防一、二期热电项目，锦普一、二期热电项目，广宁一、二期热电项目，山洞电站项目，永新二期热电项目，沿海一、二、三期热电项目，海阳热电厂，冒溪热电厂和升龙热电厂等。其中，越南沿海二期燃煤电站由中国华电集团公司投资建设，永新燃煤电厂一期项目由南方电网公司控股，建设总承包商为中能建广东电力设计研究院有限公司与广东火电工程有限公司组成的联合体。

其余在越投资中方企业包括中国电力建设集团有限公司（简称中国电建）、中国东方电气集团有限公司（简称东方电气）等。

二、越南工程承包市场的特点

越南尚处在向市场经济转轨时期，政府对市场干预较多，招投标制度尚不够完善，许多项目在操作上还不够透明、规范，各种弊端较多。越南承包工程市场主要特点如下。

（一）资质要求

根据越南最新的《招标法》，外国承包商如要在越南承接总承包项目，必须事先在越南国家招标网进行注册，注册完成后才有资格参与越南新项目的投标报价。而且，外国承包商一旦中标，在合同签署后，还必须按照越南法律要求，及时办理总承包商许可证书，才能在越南合法开展项目的现场施工建设工作、开立银行账户、后续办理税务登记和完税。

（二）当地份额要求

为了加强对越南当地工程公司和施工企业的保护，近年来越南新建项目尤其是国有项目，均要求外国承包商与当地企业组成联合体进行投标，而且越南当地份额不得低于 25%，否则不允许参与有关项目投标报价。对于一般性的土建、施工安装工作、大宗材料和一般机电产品的供应（如钢筋、钢板、管道及附件、钢结构、檩条、彩板、保温材料、一般性设备等）原则上要优先选择当地分包商和供应商。

（三）劳工政策要求

根据越南法律规定，不允许外籍人员持旅游签证在越南务工。外国工程承包商必须事先按当地法律规定向当地劳动社会保障局申报劳工计划，劳工计划批准后，应优先在当地开展社会公开招聘。如未能在当地招满合适人员，才能向当地移民局申请办理外籍人员工作准证，拿到工作准证后，外国劳工方能在越南工作。越南的工作准证允许在越工作时间一般为两年，期满后，需按程序办理延期手续。

（四）行业标准

越南工程行业不太认可中国标准。越南工程项目原则上一般要求外国总承包商采用越南标准、美国标准、日本标准和欧洲标准等体系进行设计、制造、施工和验收。对于消防和环保，是强制要求必须采用越南当地标准规范要求。除消防和环保专业外，如果采用合同以外的标准体系，必须事先提交相关标准的英文版，并经越南建设部批准后，在不低于其他国际标准的前提下，方能采用。在越南沿海电站项目执行过程中，即便是得益于其他中国企业承建项目的成功经验，耗费近半年时间才完成对业主有关中国标准审查和批准，这对项目的顺利执行带来了一定影响。

（五）项目众多

近年来，越南经济发展较快，GDP 年均增幅在 7%左右。为实现到 2030 年成为现代工业国家的目标，每年投资 100 多亿美元兴建工业项目和基础设施工程，电站、水泥项目就有数十个。按越政府现行规定，凡投资规模在 10 亿越南盾以上的项目，均须进行招标，因而招投标项目众多，承包工程市场相当活跃。

（六）项目审批

越南的工程总承包项目除了项目业主和业主监理公司审查、验收外，越南国家验收委员会将定期到项目现场进行检查，所以越南项目执行讲究有章可循、有规可依。因此，项目执行过程中涉及的计算书、图纸、工作程序文件、检验验收方案以及验收记录原则上都必须提交业主和监理审查，审查和批准通过后方能开展下一步工作。而且，基本上大多数文件的审查都需要进行几次改版，每一版的审批周期一般都在 2 周左右，这对项目的顺利实施影响较大。

（七）低价竞标

越南项目竞标十分激烈，经常报价低于标底。现有的投标机制鼓励低价竞标。竞标实际上就是“竞价”。越南现行的招投标规定中，没有“标底”，只有“中标最低价”。该国业界的主流看法是，价格低可以节省资金，只要对工程进行严格管理，仍可以保证工程进度和质量。越南多数工程公司缺少施工业务，国内就业问题突出，因而不惜一切代价低价竞标。而且国内企业中标后，还可修改项目设计、调整造价，导致低价竞标现象更加普遍。

（八）招投标不规范

越南承包工程业务起步较晚，各项规章制度尚不健全。除一些国际金融机构贷款和官方发展援助项目外，国际招标随意性大，操作很不规范，为了压低价格，常以各种借口取消已进行的招标，有的项目甚至多次毁标。越南明文规定，在国家财政拨款项目的投标中，外国公司必须与当地公司联名或承诺使用当地分包商。即使是国际金融机构贷款和官方发展援助项目，外国公司若单独投标或事先不承诺与当地公司合作，也很难中标。

（九）政府投入大

越南工程项目的建设资金主要来自 3 个方面：一是国家财政、信贷及企业自筹资金，相当于社会总投资的 40%；二是每年约 20 亿美元的外国官方发展援助；三是私人投资。因此，该国用于工程建设的资金并不十分短缺，但由于体制和管理问题，项目施工效率较低，大多数工程不能按期完工，而且项目资金流失现象严重，有的甚至高达合同额的 30%。此外，由于世行、亚行以及日本的贷款项目必须有相应的配套资金和满足一定的借贷条件，越方往往难以满足，因而这些贷款，特别是日元贷款利用率不高。

（十）人材机问题

由于越南属发展中国家，经济基础薄弱，工业水平还处于较低水平。大型项目建设和管理经验匮乏，周边配套能力较差。大型施工机具和有类似施工经验的人才有限，大部分的设备材料必须通过进口解决。这给大型项目的施工建设带来一定的挑战和困难。例如，越南市场的 10t 以上的桩机、600t 以上的履带起重机等大型机具资源严重匮乏，严重制约了大型总承包项目的顺利实施。为了尽快推进项目进度，不得不从国内或周边国家高价租用施工机具。

（十一）语言问题

越南工程项目一般合同约定的工作语言为英语，但英语的普及程度有限，尤其是在越南北方地区项目，大多数的政府官员、业主和监理工程师都难以用英语进行沟通和交流；以胡志明市为代表的南方地区，普遍英语水平比北方地区人员高。因此，在越南项目执行过程中，配备一定数量的中越翻译是非常有必要的。

（十二）气候问题

越南地处北回归线以南，高温多雨，属热带季风气候。年平均气温24℃左右，年平均降雨量为1500～2000mm。北方分春、夏、秋、冬四季；南方雨旱两季分明，大部分地区5～10月为雨季，11月到次年4月为旱季。越南北部即在海云山以北的省份位于春夏秋冬四季分明的热带季风气候，其受从亚洲陆地来的东北风及东南风影响，湿度高。越南南部即在海云山以南的省份，由于少受季风的影响，因此其热带气候比较温和、四季高温并分成旱季与雨季的两个季节。因此，总承包项目要充分考虑所在地气候条件给大件吊装、运输以及深基坑施工带来的影响，提前做好各种预案。

三、越南对外企承揽当地工程规定

（一）许可制度

计划投资部是越南负责制定社会经济发展规划、管理外资和外援、管理工程项目招投标等职能的政府部门，其下属的投标管理局负责项目的招投标管理。越南《建设法》、2015年6月18日越南政府颁布的《关于管理投资建设项目的议定》（第59/2015/ND－CP号）以及越南建设部2016年6月30日颁布的《关于对外国承包商在越南建设施工和建设施工许可证的指导意见的通知》（第14/2016/TT－BXD）均明确规定，外国承包商只须在获得越南职能部门颁发的建设施工许可证后才能在越南进行建设施工活动。

根据上述法律规定，外国承包商的建设施工许可证视项目类别和项目所在地情况，由越南建设部或各省建设厅签发。

1. 对外国自然人的规定

越南法律没有禁止外国自然人在越南参加投标及承揽工程项目。在越南，外国承包商是指外国组织、有民事法律能力的个人；对于个人必须有签订及履行合同的民事行为能力。根据 2013 年 11 月 26 日国会颁发的《投标法》（第 43/2013/QH13 号）规定，合法的个人承包商、投资者须满足以下的条件（第一章第五条）：

（1）具有个人国籍的国家法律规定的民事行为能力；

（2）有符合法律规定的专业证书；

（3）按法律规定进行注册；

（4）没有正在被刑事起诉；

（5）未在禁止投标期内。

越南自 2016 年 7 月 1 日起实行外国承包商、投资商在线登记制度。《投标法》第 5 条第 1 款第 4 点规定，只有在越南国家投标系统网成功注册的承包商、投资商才具备投标资格。

根据越南计划投资部和财政部 2015 年 9 月 8 日联合发出的《关于网上提供、发布招标和投标信息有关规定的通知》（第 07/2015/TTLT－BKHDT－BTC 号），越南国家投标系统网的地址为：http://muasamcong.mpi.gov.vn。自 2016 年 7 月 1 日起，在招标关闭前 2 个工作日内，尚未在国家招标系统网注册确认的承包商、投资商将不得参加按《投标法》第 20、21、22、23、24、25、26 条规定的方式进行招标的标段和项目的投标。

2. 对工程建设施工的规定

施工之前，业主及各施工承包商要统一质量管理系统等内容；施工中业主聘请监理咨询单位或在自己满足施工监理能力的情况下自行监理。

业主和承包商对施工、设备制造、安装检查监督流程；所需验收的施工工作内容、建筑施工阶段或建筑工程部分；施工中劳动安全、环保、消防保障方案；验收依据、验收记录格式等作指导。

发现施工与设计不符时，现场监理要记录施工日记并且要求按照设计施工书面通知业主。

施工中应保留施工记录、检查表格、内部报告、业主报告、各方意见通知文件及施工中发生事故处理流程档案。

在业主或承包商是外国人时，文件、资料、档案所使用的语言规定为越南语和英语。

3. 对工程验收的规定

越南工程验收包括工作内容验收、施工阶段或项目部分工程验收、工程项目完工验收或工程投入使用验收。

参与验收人员如下：业主方为法人代表或授权代表、业主施工监理法人代表、施工监督员等；施工承包商为总包商法人代表以及施工负责人、有关施工分包商；设计承包商按照业主的要求参与验收，由法人代表及设计主任参与；在业主不是工程使用、管理单位的情况下，验收时，业主可请工程使用、管理单位见证验收过程。

设计单位在业主要求下有责任参与工程验收。在现场监理过程或参与验收过程中，若发现工程项目或建筑工程不满足验收条件，设计单位要以书面形式通知业主，说明不符合验收条件的原因。

关于建设工程质量管理与验收。2013 年 7 月 25 日，建设部对工程建设过程、工程验收等有相关规定。施工之前，业主及各施工承包商要统一业主与承包商质量管理系统等内容；技术指导及各承包商的建议基础上质量监督计划及办法。建设部专业机构编制对部门、行业、地方工程进行国家管理定期检查计划；对全国建筑工程质量及质量管理工作进行定期检查；专业建筑工程管理部专业机构编制对各堤防工程进行国家管理定期检查计划；对全国工程质量及质量管理工作进行定期检查；专业建筑工程管理局编制当地专业建筑工程质量及质量管理工作定期检查计划。

验收结果要制作文件，包括如下内容：验收对象（验收工程部分或施工阶段名称）；直接参与验收人员名单；验收地点及时间；验收结果（是否接受验收结果、是否同意开展下一步施工；对已完工的工作内容进行修理、完善以及其他要求；直接参与验收人员姓名、职务及签名。

（二）禁止领域

越南现行《投标法》（2014 年 7 月 1 日生效）未明确禁止外国企业参与投标的领域。

（三）招标方式

根据越南《投标法》的规定，国际工程项目的招标方式分为竞争性招标和非竞争性招标。竞争性招标包括：一是公开招标，业主通过越南国内有影响的报刊、电视和广播等媒介发布招标信息，不限定投标者的国籍，择优选择中标人；二是限制性招标，业主有选择地邀请若干家承包商参加投标。非竞争性招标即指定标（谈判招标），不通过公开方式确定承包商，根据项目具体要求和所掌握的承包商资信及技术状况，有选择地先后与少数几家承包商进行谈判，直至达成协议。

四、国内外企业开拓越南电力市场的现状

（一）基本情况

越南电力市场被认为是东南亚最有吸引力的电力市场之一，20 世纪 80 年代开始，日本三菱承建了 Pha Lai 热电厂；日本 Sumitomo 集团投资约 35 亿美元，兴建了功率为 2640MW 的运风庆和热电厂项目；美国 AES 集团与越南煤

炭和矿产集团联合投资了 14.63 亿美元兴建了功率为 1200MW 的蒙样（隶属广宁省）热电厂等；越南电力市场也有俄罗斯一席之地，如由越南国内的 LILAMA 公司总包的汪秘电厂工期 300MW 热电项目，其三大主机等主要设备均由俄罗斯提供。这些国外的电力集团陆续进入越南电力市场并承包建设电厂，同时提供相应的一些政府贷款等。

长期以来，俄罗斯和日本控制着越南的主要电力项目建设，俄罗斯、日本企业分别占有 50%和 40%的市场份额。对中国电力企业而言，来自俄罗斯的主要竞争对手是俄罗斯统一电力公司。而日本方面的主要竞争对手，有著名的三菱商事、三井、助友和丸红株式会社等。其他的制造商对手如法国阿尔斯通公司、瑞典电力项目领域传统主机设备制造商和工程承包商的 ABB 等，这些企业多为世界 500 强企业，闻名全球。此外由于越战阴影及两国关系的原因而淡出电力项目市场的美国公司如今又在越南市场有了较大发展。2019 年 10 月，越南与美国签署了全面能源合作伙伴备忘录。越南批准一家美国公司为 2 号美山发电厂建设项目的投资商。该项目投资总额超过 50 亿美元，采取建设经营移交方（BOT），投运之后将创造每年从美国进口液化天然气近 20 亿美元的需求。

越南是中国在东盟重要工程承包市场。中国的一些电力企业在 2000 年开始进入越南市场承包建设火电厂，从 2003 年至 2011 年中期，越南一共有 13 个电力项目由中国电力企业承办工程 EPC 项目总承包商，占越南电力行业总装机容量的 30%。2006—2007 年，上海电气承接了广宁一期、二期火电厂的 EPC 项目，每个项目金额 4 亿美元左右。2009 年上海电气又承接了 13 亿美元的越南永新二期火电厂 EPC 项目。2009 年东方电气和日本 Marubeni 合作承接 5 亿美元的海防火电厂，2010 年东方电气又承接了 14 亿美元的沿海一期火电厂 EPC 项目。另外还有一些中国电力公司在越南电力市场也有一定影响力，如哈尔滨电气集团、成大工程集团、中国重型设备总公司（CHMC）、中国云南公司等。

（二）典型案例

目前，中方承建的部分大型项目陆续建成投产。其中典型的具体工程有：

哈电集团所属的哈电国际工程公司承建的锦普热电厂一、二期项目已于2011年9月正式移交越方，总投资为10.635万亿盾、总功率680MW。

越南海防电厂一期2×300MW机组工程位于越南东北部的海防市水源县。本工程业主是越南海防热电股份公司，监理单位为越南业主聘用的越南能源研究院（IE）和爱尔兰国际工程咨询公司，中国东方电气集团（DEC）和日本丸红商社（MC）组成的联合体（简称DEC&MC）承担本工程的总承包（EPC）合同，项目2006年5月5日开打第一根桩，2009年12月25日1号机组首次燃煤并网发电；2010年9月17日2号机组首次燃煤并网发电；2011年7月25日2号机组实现PAC（初步移交商业运行），2011年11月15日1号机组实现PAC；2013年11月15日机组全面PAC后的两年质保期结束。

越南永新燃煤电厂一期BOT项目于2015年7月18日正式开工建设，该项目是目前中国企业在越南投资规模最大的电厂，也是中国企业在越南的首个BOT电力项目。越南永新一期项目位于越南平顺省，建设规模为两台60万kW级超临界火电机组，项目建设期4年，特许经营期25年，预计总投资17.55亿美元。项目由南方电网公司控股，建设EPC总承包商为中能建广东电力设计研究院有限公司与广东火电工程有限公司组成的联合体。其设计、建设完全采用中国标准，三大主机设备和辅机均由中国设备厂家生产制造，工程由中国企业施工并进行管理，融资也都由国内银行提供。2018年11月已全面投入商业运行。实际总工期比BOT合同要求提前半年多，创造了越南境内同类型机组建造速度最佳记录。

越南沿海一期2×622MW亚临界燃煤发电项目位于越南茶荣省沿海县民成乡木乌村。项目采用EPC建设模式，业主为EVN，业主代表为越南第三热电管理委员会（TPMB3），EPC总承包商为东方电气。项目1、2号机组分别于2016年1月2日和2016年1月18日完成可靠性运行，移交商运。2016年

1月29日，越南国家验收委员会验收通过。2016年5月11日，业主正式颁发了项目1、2号机组的PAC证书。

越南沿海二期 2×660MW 燃煤电厂项目厂址位于越南茶荣省沿海区茶荣镇东南方45km处，项目由越南政府规划，已经列入越南电力规划，项目以BOT模式开发，项目公司与 EVN 签订长期购电协议，约定运营期为 25 年，计划2021 年投产，项目由华电科工与马来西亚合作伙伴投资建设，是华电科工海外投资规模最大的电源建设项目，建成后对缓解茶荣省乃至越南供电紧张局面具有十分重要的意义，将为越南的电力市场发展提供安全、可靠、清洁的能源保障。

越南沿海三期 2×622MW 工程电厂位于湄公河两大支流入海口的沿海地带茶荣省沿海区，距离胡志明市约200km，是越南国家电力中心投资的重点项目。电厂建设规模为2×622MW燃煤发电机组，由中国成达工程有限公司EPC总承包。

越南海阳2×600MW燃煤电站项目。由中国能源建设集团有限公司（简称中国能建）所属的中电工程投资建设，由中国能建与马来西亚捷硕公司共同投资。其中，中国能建享有70%的收益权，负责项目的融资并承担EPC工程建设。设计、施工、安装分包商均为中国能建旗下企业。总投资近 19 亿美元，是迄今为止中国公司在越南单笔投资金额最大的项目，是联合国内外企业机构加强合作、互利共赢的国际投资示范项目。电站建成后预计年发电量达 81 亿kWh，建设期54个月，特许经营期25年，期满后将无偿移交给越南政府。2019年7月电厂一号机组DCS受电一次成功，项目单体调试正式开始。

越南安庆北江 650MW 燃煤电厂项目位于越南东北部的北江省安庆市六南县，采用 EPC 模式建设，由中国电力工程顾问集团华北电力设计院有限公司和中电工程国际公司组成的承包商联合体中标，设计容量为 650MW，采用两炉一机配置，亚临界机组循环流化床锅炉，工期为33个月，总投资约为10.27亿美元。

五、开拓越南电力工程建设市场所面临的问题

（一）标准的应用及推广问题

随着我国目前实施“走出去”倡议的力度不断加大、水平不断提高，在越南工程承包市场应用并推广本国标准的问题日益突出。经过多年的发展，我国在工程施工领域的技术标准已经与发达国家几无差距，有些方面还处于国际领先水平。因此，我国企业在国外承包工程项目，一般都是采用自己的标准进行施工，但这在越南往往会遇到不平等待遇。例如，2005 年在东方电气承包的海防燃煤火电项目中，越方虽同意“原则上采用中国标准”，但在实际操作过程中时常要求提高标准，采用中国标准还需要越方批准，而其他西欧、日本、美国等标准不需要批准。其中的原因，除了一些主观歧视性因素外，主要是越南相关部门对中国标准还缺乏必要的认识和了解。如有的中央企业就指出，目前我国许多的工程施工标准没有统一的英文版本，往往是需要了才由企业临时组织人员进行翻译，从而在一定程度上影响我国标准在越南的被认可程度。

（二）融资问题

越南资金短缺，对于申请到世行、亚行贷款的项目，越方要求外国承包商必须同越南企业联合投标，以保证越南企业能承包部分工程；而对于自筹资金项目，越方一般要求外国承包商提供信贷或带资承包，这对于我国企业而言是一个很大的障碍，因为我国企业的融资能力普遍较弱，主要表现在以下几个方面：

1. 融资渠道窄

国际上通行的项目融资在我国尚未开展：因为国内工程承包企业缺乏资信记录，需要一个逐步被国际金融市场了解和接纳的过程，企业境外融资还面临着很大的障碍；我国政策性银行对国际工程承包企业的支持力度也较小。据统

计，中国进出口银行为支持企业“走出去”，累计提供信贷资金近400亿元人民币。

2. 融资困难

国家设立的对外承包工程保函风险专项基金，在一定程度上缓解了企业投标、履约、预付款保函的担保问题，但 4500 万美元的保函风险专项基金规模放大 20 倍使用，也只能满足 30%的项目保函担保需要，而且使用基金的程序复杂、审批时间过长、支持范围有限。

（三）行政壁垒问题

越南政府常会通过行政、经济手段为自己的企业安排工程任务，或通过对外国公司设限以保护本国企业的生产。例如越南对国内电信网建设与经营、港口建设、机场建设的国外工程承包商有限制，除非其采取 BOT、BOO、BOOT 等形式。同时，越南政府 2004 年出台的第 87/2004/Q－TTG 号文对国外工程承包商采取了进一步的限制措施，规定“国外工程承包方必须申报越南政府机关审批然后出具经营批文后，才能在越南进行本行业的经营活动。对于已经在越南国内中标而进行施工的外国承包方，如果已经与招标方签订施工合同，必须同时与越南同行业公司签订联合施工合同，以越南方为‘副’的承包方，并执行越南法律、越南投标规范等，才能领取承包批文。”

（四）竞争问题

目前，越南的工程承包市场竞争很激烈，在越承建项目的我国企业主要面临三个方面的竞争压力。

1. 与越南本土企业的竞争

越南国内施工力量迅速崛起，而越南政府给本国企业以政策倾斜，对外国公司的单独投标设限，加大了外国公司中标的难度。同时，越南建筑企业中普遍存在短期行为，视争到项目为首要目标，甚至以比标底低30%～40%的价格进行恶性竞争，这无疑更排挤了外国竞标企业。

2. 与西方发达国家企业的竞争

近几年，作为“远景五国”之一，越南经济增长率保持在年均7.5%左右，发展速度在世界上仅次于中国。随着越南在基础设施方面投资力度的加大，越来越多的日本、韩国和欧美等国家的承包商介入越南工程承包市场，凭借超强的融资能力及其政府出口信贷等支持，在越南工程承包市场占据很大的份额。

3. 国内同行同质竞争

随着中国—东盟自贸区的推动，越来越多的我国公司进入越南工程承包市场。但在承揽业务时基本上是分散经营，各自为战，相互联合不够。有的企业为获得项目，完成产值压力，打起了价格战，致使承包价格一路走低。这不仅直接损害企业的各自利益，而且也破坏了竞争的秩序和规则，影响到我国企业在越南的整体形象。

第三章 相关法律法规及政策

本章节的核心研究内容包括两方面：一是，对越南相关法律法规和政策进行简要的概述分析；二是，对与电力相关的法律法规和政策进行梳理和解读，例如电力法律法规、越南国家电力的基本政策、市场准入政策以及劳务政策等。本章的章节结构如图 3–1 所示。

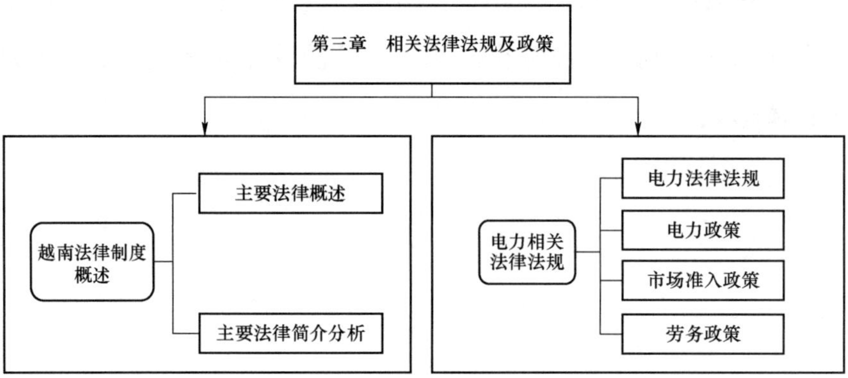

图 3–1　第三章结构

第一节　越南法律制度概述

一、主要法律概述

越南的法律制度隶属于大陆法系，源自法国民法。

越南的法律也受其他国家法律的影响，越南的立法者在制定法律的时候不考虑法律的体系。2019 年 1 月 1 日起，越南有 10 部法律正式生效，包括《网络安全法》《举报法》《规划法》《规划工作有关的 11 部法律部分条款修改补充法》《规划工作有关的 37 部法律部分条款修改补充法》《国防法》《林业法》《水产法》《地图测绘法》和《体育法》等。

二、主要法律简介分析

（一）宪法

越南现行宪法是第五部宪法，于越南第十三届国会第六次会议 2013 年 11 月 28 日以 97.56%的赞成票正式通过，是 1946 年、1959 年、1980 年、1992 年宪法的继承和发展，体现了越共“九大”确定的越南要发展“社会主义定向”的市场经济。

越南“新宪法”的绝大部分内容保持不变，仍以强调越南共产党的领导地位、阶级主权及国家权力统一为主要特征（人民主权原则仅体现为宪法宣言，宪法并未规定人民实现监督的权力）。此外，越南宪法否定“三权分立”，反对主权分割。

其次，国家的基本体制结构并未改变。设立宪法法院的提议在宪法草案的最终文本中并未得到体现；国会的权力（包括选举国家主席的权力）仍然不受审查；区县级人民委员会没有被废除。越南仍保持基本国策不动摇，特别是有关国有企业的主导地位及国家对土地享有特权的政策规定。

新宪法强调了对人权的保护。人权保护被视为国家的根本目标之一。越南宪法修正案第二章标题在原有内容上增加了“人权”二字，改名为“人权、公民的基本权利和义务”，该章节首次规定了生命权、健康环境生活权及文化价值享有权等基本人权。宪法序言庄重确认越南人民为制定宪法的主体，但在宪法起草和修订的过程中，国家立法机关（而非民众）掌握着最高权力。其次，为了增强人民群众对越南共产党的信任，新宪法第四条引入了“党的问责制度”，但并未明确如何实施问责。第三，新宪法规定国家机关在行使立法权、执法权和司法权的过程中应相互制约。这一原则在理论上使得权力制衡成为可能，顺应了社会舆论对遏制贪污犯罪及抑制专制统治的需求。但国会仍是最高权力机关，且不受其他外部机关控制。

新宪法确也规定了若干体制变革措施。第一，三大国家机构的职能分工更加明确。第二，国家选举委员会和国家审计署这两个业已存在的机构首次在新宪法中作为宪制机构得以体制化。第三，通过明确法院在维护正义和保护人权方面的作用以及禁止其他国家机构对司法裁量进行干涉这两种方式，增强司法独立性。新宪法中还包含大量技术层面的修改：若干章节的合并使宪法文本更为简洁；同时，许多条款仅在原意的基础上进行了改写，并未涉及实质内容的改变。

（二）民法

《民法》规定越南的自然人之间、法人之间以及自然人与法人之间的财产关系，为私有财产提供保护。1995 年 10 月 28 日，越南社会主义共和国国民大会根据 1992 年宪法第 84 条的规定，通过了《越南社会主义共和国民法典》（以下简称《越南民法典》），该法典于 1996 年 7 月 1 日生效。

现行的《越南民法典》共分为 7 编，共 838 条，包括总则、财产和所有权、民事义务和民事合同、继承、土地使用权转让、知识产权、涉外民事关系，是一部很有特色，不失为先进的民法典。

（三）《投资法》和《公共投资法》

《投资法》规定外商在越南投资审批流程、权利、义务、税收和政策优惠等。越南《公共投资法》是一部新法，包含六章共 108 条，自 2015 年 1 月 1 日起生效。法律内容包括：管理和使用公共投资资金；管理公共投资项目；规定参与公共投资的单位、组织和个人的权利、义务和责任。

（四）企业法

1. 企业类型

实践中，大部分越南的公司以有限责任公司或股份有限公司的形式设立。其中有限责任公司包括一人有限责任公司或多人有限责任公司。一人有限责任公司仅有一名投资人，多人有限责任公司拥有多于一名且不超过 50 名的投资人。股份有限公司应有至少 3 名股东，股东数量没有上限。外资企业可依照任何一种上述形式设立。

2. 企业设立申请与登记

根据越南《公司法》的要求，成立公司之前，创办者必须向省、中央直辖市人民委员会或公司设立办公地点所在地一级行政单位递交成立公司申请书。

申请书应当注明：

（1）创办人的姓名、年龄、地址；

（2）公司名称和预定办公地点；

（3）经营的目标、行业；

（4）集资方式；

（5）保护环境的措施；

（6）公司建设计划。

申请书应附上公司的初步经营方案和章程草案。

除设立登记外，公司还应进行经营登记。经营登记的内容有：成立公司的许可证、公司条例和公司交易地点证明书。责任有限公司的经营登记手续必须在领取成立公司许可证之日起 180 天办理。股份公司的经营登记必须在领取成立公司许可证之日起一年内办理。超过上述规定期限而未进行登记的有关人员，若希望继续成立公司，必须重新办理申请手续。如有正当理由，发证单位可以延长许可证的有效时间，但不得超过 90 天。

公司从登记并领取登记证明书之日起具有法人资格并可以开始经营活动。在发给经营登记证明书之日起 7 天内，发证机关要把经营登记证明的副本以及公司的档案材料寄给税务、财政、统计机关和同级的经济、技术管理机关。

3. 企业并购的事前审批和事后登记

由国外投资者对越南目标公司实行的股票或权益并购必须在许可机关登记。如果在兼并、收购、合并或合营中所涉及的公司合并后的市场份额占到相关市场的 30%到 50%，在该等情形下，这些公司的授权代表人必须就该兼并、收购、合并或合营通知越南竞争管理机关，以征求其考虑和批准。只有在收到越南竞争管理机关允许该合并、收购、兼并或合营的确认后，这些公司才可实施以上行为。

（五）土地法

1. 土地的性质和土地使用费

2013 年 11 月 29 日，越南国会批准新的《土地法》（4512013/QH13），并规定于 2014 年 7 月 1 日始实施。

越南的土地不能私人拥有，所有的土地属于国家所有。根据《土地法》的规定，可以通过划拨或者租赁的方式获得长期的土地使用权。土地使用方有权在特定的时间之内就特定目的使用土地，并且可以继承、转让、交换、租赁、抵押该等长期土地使用权。越南个人和公司可以从人民委员会处获得划拨土地，意味着对土地的永久的所有权。境外的越南人和外商投资企业只可能通过缴纳划拨费用的方式得到划拨土地，用于建设出售的或者租售联合的民用住宅项目。

长期土地使用权证书显示权利人、使用权期限、土地使用目的、土地上的抵押和其他负担。权利证书同时包括土地的地图。土地使用费是支付给国家的，根据土地的市场价值确定。土地被划拨的时候，土地使用费就应该支付。每个省或者市的人民委员会决定每一块土地的使用费。

根据新《土地法》，企业的土地使用费标准由所在的省或直辖市政府确定，每5年调整一次，但不同省市对《土地法》的解读不同，给企业的生产经营造成一定影响。新《土地法》对老工业区影响不大，但对新工业区有较大影响。

2. 外资企业获得土地规定

境外组织和个人不能在越南通过划拨获得土地。他们可以通过租赁的方式获得长期土地使用权，并且可以按年支付费用或者一次性付清全部费用。关于经济组织的土地租赁问题，境外的越南人或者外商投资企业如果按照每年支付费用的方式付费，在国家决定租赁开始的每5年之内，土地的租赁费用不做调整。

关于外商投资企业或者境外个人，新的房地产法规定了境外的组织和个人可以在越南购买公寓和房子。外商投资企业可以投资在民用住宅项目或者购买商业住宅项目中的房子或公寓。然而，基于国家安全的原因，特定地区不允许外商投资企业或境外个人拥有房子。省级建设部门规定了限制区域和外商投资企业和境外个人可以拥有的房子的数量。

关于公寓，外商投资企业和境外个人不能拥有超过该公寓楼30%的公寓或者超过单个公寓项目。关于房子，在商业住宅项目少于2500间房屋的项目中，外商投资企业和境外个人不能拥有超过10个。境外个人不能拥有房子超过50年，尽管这个期限是可以延长的。在越南购买公寓或房子的个人有进入这个国家的证件。移居外国者有权将公寓进行抵押、改建、继承、转让。外商投资企业为50年，在某些情况下通过国家审批是70年，但不是永久性的。

（六）环境法

越南近年来极为重视环保项目、环保措施的开展和具体实施，对于企业投资尤其是外国投资项目，如可能造成环境污染且不能采取具体、可行的环保措施的项目，一般不予批准。

据越南《环保法》及其实施细则的相应规定，项目投资者应在项目准备阶段（即开展施工建设活动之前）办理相应环保手续。根据项目的性质、规模、目标等内容，确定环保手续应是“环境影响评估报告审批手续”还是“环保计划登记手续”。

受制于项目的属性、规模和环境影响，投资者被要求准备一份环境影响评估报告（“ERAR”）或环境保护计划（“EPP”）。需强制提交环境影响评估报告的项目有：原则上需要从国民大会、政府或者总理处获取批准的全国性重要项目；使用自然保护区、国家公园、历史和文化区、自然遗产或星级自然景观的土地；一个对环境有着潜在重大影响的项目。其他不用提交环境影响评估报告的项目则必须有环境保护计划。

属于越南政府于 2015 年 2 月 14 日颁布的 18/2015/ND－CP 号《环境保护计划、环境战略评价、环境影响评价及环境保护计划条例》在第 18 条规定了应办理“环保计划登记手续”的项目；在第Ⅱ附件的项目规定了“环境影响评估报告审批手续”的项目。

应办理“环保计划登记手续”的投资项目，投资者应依法向省级/县级/乡级环保部门提交环保计划；有关机关确认环保计划后，投资者方能开展投资项目。投资者应实施经确认的环保计划中规定的相关环境保护措施。如发生环境事故，应立即停止活动、采取相关克服措施并向当地乡级或县级人民委员会或省级人民委员会中的环保部门汇报。项目履行地点如发生变更，或环保计划经确认后 24 个月内项目未开展的，投资者应重新制定环保计划并重新办理登记确认手续。

应办理“环境影响评估报告审批手续”的投资项目，投资者应自行或聘请专业机构进行环境影响评估工作，征求当地乡级人民委员会、直接受影响的组织、人民的意见。环境影响评估报告应报经当地省级人民委员会或资源与环境部审批。环境影响评估报告经审批后，投资者应制定环境管理计划，在当地乡级人民委员会住所地公开张贴；严格实施环保法律和环境影响评估报告相关要求；相关环保工程建设完毕后，投资者应进行汇报、申请有关机关进行确认；

项目的规模、目标、生产能力、流程、环保工程或措施等内容如有变化，投资者应向国家有关机关进行书面汇报并取得批准意见后方能实施。

自然资源和环境部（“MONRE”）负责为国民大会、政府和总理批准的项目以及分行间和省际公司项目的环境影响评估报告的评估建立评估平台。政府部门以及与政府部门等同的机构应在其各自的决策机关内负责为由国民大会、政府和总理批准的项目的环境影响评估报告的评估建立评估平台（MONRE 主管之下的项目除外）。国防部和公共安全部负责对有关国家机密和国家安全的项目作出评估。省级人民委员会负责对该省在上述分类之内的项目作出评估。

（七）知识产权法

越南的知识产权保护始于 1981 年 1 月 23 日颁布的《关于技术革新，生产合理化和发明的规定》（The Regulations on Technical Innovation，Rationalization in Production，and on Inventions）。随后，越南政府又颁布了一系列有关商标（1982 年）、著作权（1986 年）、实用新型（1988 年）和外观设计（1988 年）的规定。但是，在此期间，越南的知识产权保护还是属于行政手段的性质。

1989 年 1 月 28 日颁布的《保护工业产权条例》（The Ordinance on Protection of Industrial Property Rights）是越南知识产权保护的转折点。该条例奠定了保护发明、实用新型、设计和商标权利的基础，特别是承认了对专利权的专有权。1994 年颁布的《著作权条例》（The Ordinance on Copyright）承认了对著作权的保护。

越南知识产权保护最引人注目的变化是 1995 年 10 月 28 日通过、1996 年 7 月 1 日生效的《越南民法典》（The Civil Code）。除了其他不同的民法方面和所有权方面的法律问题以外，《越南民法典》还对工业产权（包括发明、实用新型、外观设计、商标、原产地名称等）和著作权的有关内容进行了详细的规定。《越南民法典》的颁布，取代了 1989 年的《保护工业产权条例》和 1994 年的《著作权条例》。同时，越南政府还颁布了一系列与民法典有关的知识产权保护实施细则。从民法典及其实施细则的规定来看，越南在知识产权的法律保护方面进行了重大的调整，基本上是按照世界贸易组织的有关规定和其他知识产权国际保护公约的规定来进行的。

目前，越南是下述知识产权国际保护公约和条约的成员国：《成立世界知识产权组织公约》（1976 年 2 月）、《保护工业产权巴黎公约》（1949 年 3 月）、《商标国际注册马德里协定》（1949 年 3 月）以及《专利合作条约》（1993 年 3 月）。越南虽然还没有加入《商标注册用商品与服务国际分类尼斯协定》和《国际专利分类斯特拉斯堡协定》，但它已经实施了这两个协定的相关内容。目前，越南正在考虑加入《保护文学艺术作品伯尔尼公约》。作为东盟的成员国，越南批准了 1996 年的《东盟关于知识产权合作的框架协议》，该协议以遵守世界贸易组织的《与贸易有关的知识产权协定》作为东盟各国在知识产权领域合作的基础。

（八）基础设施互联互通法律

越南政府发布了多项政策规定，鼓励基础设施发展的“社会化”，包括公私合营（Public－Private Partnership，PPP）投资结构，但 PPP 成为清晰和成型的法律框架还需要更多的时间。

1. 海港和机场

在越南法律规定中，海港和机场项目的发展由首相批准的总体计划和交通部或当地机构分别批准的详细计划组成。机场项目或者国家级别的海港项目原则上需要总理的批准。作为投资申请的二部分，投资者需要再提交二份土地使用计划，相关机构会根据该计划考虑分配或者租出合适的地段。除特殊情况，如果国家分配或者出租土地时，投资者尚未完全付清土地使用/土地出租费用，投资者将会被要求在国家预算中存储总投资资本的 1%～3%作为投资者义务的担保。该笔资金会根据项目进展返还给投资人。

越南在海港项目上，未对外国持有提出特别的限制，但是，海港项目提供的一些特别服务必须以其中一方为越南的合资企业的形式进行投资，且该项目必须是同时被当地和外国投资者持有的合资企业。

《102/2015/ND－CP 法案》详细规定了机场企业或者提供航空周边服务企业中外国持有比例的限制。该法案规定提供机场交流系统服务、定位服务、监控服务或者天气预报服务的公司中，国有比例最低应为注册资本的 65%，而涉入上述任何业务与机场公共场所服务、汽油提供服务和/或土地技术支持服务的项目公司中，国有比例最低应为注册资本的 70%。另外，航空公司不可以持有机场公司 30%以上的股权。

2. 电信

为了投资越南的基础设施通信服务，外国投资者必须与越南持证电信公司成立合资企业或签署商业合作协议。一般来说，提供基础设施通信服务公司的外国所有权上限为 49%。提供基础设施通信服务公司的外国所有权上限为 65%。合资企业或商业合作协议的越南一方可以是非电信企业。基础设施通信服务的外商独资项目必须持有总理的原则性批准。

3. PPP 框架

2015 年 2 月 14 日，越南政府发布了编号为 Decree 15/2015/ND－CP 的新法令，规制以公私合伙关系模式进行的投资（以下简称《PPP 法令》），从而取代现行的 2010 年 11 月 9 日第 71 号决定（以下简称《第 71 号决定》）中试行的 PPP 规定和第 108 号法令中的 BOT 规定（修订）。

《PPP 法令》首次引入了 PPP 模型的新形式，包括建设－持有－经营模式（Building-Owning-Operation，以下简称 BOO）、建设－转让－出租模式、建设－出租－转让模式、经营－管理模式。此外，总理拥有批准其他模式的自由裁量权。

同时，《PPP 法令》设置了适用于遴选越南 PPP 项目合作商的一系列程序。一般来讲，项目合作商的遴选必须基于经批准的可行性研究报告采用竞争性投标程序。但在以下有限的情况下，也可直接任命：如果仅有二位投资者登记或符合资格预审要求；如果仅有一位投资者拥有运营项目所要求的能力；如果某一投资者建议的项目满足“最高可行性和效益性”的项目履行要求（经总理批准，包括经批准的可行性研究报告、合理的服务价格及满足“保护国家主权，国界或岛屿”的要求。

对 PPP 项目的投资者有最低股本金要求。《PPP 法令》下，对于总投资额低于或等于 1.5 万亿越南盾（大约 7040 万美元）的项目，至少 15%的总投资额必须是股本金。对于更大的项目，前 1.5 万亿越南盾的投资额中的至少 15%必须是股本金，并且总投资额超过 1.5 万亿越南盾的部分，至少 10%必须是股本金。

4. 国际产能合作和装备制造业的海外投资

越南有大约 290 个指定的制造业工业园区（以下简称工业园区）。自 2014 年 6 月开始，基于工业园区的外国投资项目超过 5000 个，约占制造业外商直接投资的 80%。

为了尽可能协助投资者投资工业园区，越南提供了专门的简易行政程序。外国投资者可以提前联系相关部门以选择适合他们需求的工业园区。在工业园区内，外国投资者可以使用已建好的建筑物、工厂、仓库和技术性基础设施服务（即电力、供水、通信等）。此外，外国投资者也可以向其他实体转让或分租其土地上的不动产资产。

（九）产品质量法

《越南产品质量法》于 1991 年 7 月 1 日起施行。该法的适用范围：在越南领土上经营活动的所有组织、个人都必须遵守，越南社会主义共和国签订或参加的国际条约有其他规定除外。

1. 越南产品质量的标准

标准是指对商品的包装、商标、运输、保管和有关商品质量的其他问题的规格、指标、试验方法所规定的技术文本和技术要求。越南标准是国家标准，是在科学技术成果应用研究基础上，采用符合越南经济、社会条件的先进经验和国际标准而制定的标准。

越南标准是由国家科学技术委员会主任根据标准、度量和质量总局的提议而颁布的。在部分领域内，根据国家科委主任的提议，部长会议主席可以授权给部长会议下属的其他机关颁布越南标准。越南标准包括强制性越南标准和非强制性越南标准。国家机关、组织、个人在权限范围内经营的可以把非强制性越南标准作为本单位强制性标准。团体、个人经营必须遵守强制性越南标准。团体、个人经营必须按照商品质量标准法的规定公布自己的商品质量标准，并有责任按照所公布的标准保证商品质量。

2. 严禁下列行为

（1）属于强制性越南标准范围，但又没有证明书和符合越南标准标志的商品经营。

（2）没有获得证明书和符合越南标准标志但却在商品上盖印符合越南标准标志。

（3）在未获得证明书之前就公布、广告商品符合越南标准，商品质量保障系统符合越南标准和试验室得到公认。

3. 经营组织、个人的责任和消费者对商品质量的权利

（1）生产组织、个人必须组织检查以保证出厂产品达到所登记或公布的质量标准；如实宣传产品质量，产品须贴商标，并在商标上注明产品的特点、用途和厂家对产品质量的责任。

（2）销售组织、个人必须弄清自己销售的商品的产地和质量，如实宣传商品质量，引导顾客挑选、使用、保管商品，并对顾客承担直接商品质量的责任。

（3）经营组织、个人必须对每种商品公布质量保证期限、条件和形式，并有责任保证商品质量。

（4）经营组织、个人必须交纳商品质量登记手续费、商品质量证明、商品

质量保障系统和“公认试验室”符合越南标准的手续费。

（5）购买商品时消费者有权获得商品信息和挑选商品，要求质量保证；有权向经营组织、个人索取由于商品达不到质量标准而造成的损失。

4. 法律责任

凡不遵守强制性越南标准的，不按照法律规定进行商品质量登记的，不按照所登记或公布的标准保证质量的，违反符合越南标准证明规定的，制造假冒符合越南标准证明书和标志的，利用职务、权限违背或阻碍商品质量法规定的实施或违反本法令其他规定的任何人，视其轻重程度给予纪律处分、行政处罚或直至追究刑事责任。

（十）反倾销法

《越南反倾销法》于 2004 年 10 月 1 日起生效。该法的适用范围：本法令就进口倾销到越南的商品采取的措施、进行调查内容及运用手续、实施反倾销措施作出规定。

1. 对进口到越南倾销商品的确定

（1）如果商品以低于本条第二和第三款规定的正常价格销售原产国家或地区的商品被视为进口到越南时倾销（以下称“倾销到越南的商品”）。

（2）在正常贸易条件下，进口到越南商品的正常价格是出口国家或地区在其内地市场销售同类商品的可比价。

（3）出口国家或地区没有在其内地市场销售的同类商品或在出口国家或地区有在其内地市场销售的同类商品，但其商品量、数量或价值轻微的情况下，进口到越南商品正常价格可按以下两种方法中的一种确定：第一，在正常贸易条件下，出口国家或地区的同类商品在第三国市场上销售的可比价；第二，在出口国家或地区或第三国市场上，对从生产到流通每个环节进行考量，确定商品正常成本价加上合理利润和其他合理费用。

2. 反倾销措施

（1）征收反倾销税；

（2）如果获得越南有权批准采取反倾销措施部门的同意，被采取反倾销措施的组织、个人向越南有权批准采取反倾销措施的权力部门或国内生产者作出停止倾销的承诺。

3. 进行调查的依据

（1）采取反倾销措施的调查只有在代表国内产业的组织、个人提出采取反倾销措施申请后实施。提出申请要求采取反倾销措施的组织、个人被视为国内产业的代表，并符合下列两个条件：

1） 由其生产或代表的商品量、数量或价值至少占国内产业同类商品总量或总额的25%；

2） 本款前述规定的和支持申请采取反倾销措施的国内生产者的商品量、数量或价值要大于反对采取反倾销的国内生产者的同类商品的商品量、数量或价值。

（2）贸易部部长在具有商品倾销对国内产业造成实质性损害或造成实质性损害威胁的明显证据时可以作出调查决定。

4. 采取反倾销措施的调查内容

（1）确定倾销到越南的商品和倾销幅度。

（2）在对下列内容研究基础上确定给国内产业造成的实质性损害或实质性损害威胁：第一，倾销到越南商品的商品量、数量或价值与国内生产或销售同类商品的商品量、数量或价值相比，已经、正在或将要绝对或相对地实质性增加；第二，被采取反倾销措施的商品价格致使国内同类商品降价或可能制约了合理的涨价；第三，对国内产业或国内产业的形成造成负面影响。

（3）进口到越南的商品倾销与对国内产业造成实质性损害或实质性损害

威胁之间的关系。

5. 调查期限

（1）自决定调查之日起，采取反倾销措施的调查期限不超过 12 个月。

（2）特殊情况下，贸易部部长可以决定延长调查期限，但不得超过 6 个月。

6. 裁定

（1）初步裁定：

1）自决定调查之日起 90 天内，调查机关公布本法令第 12 条规定的调查过程中相关内容的初步裁定；特殊情况下，公布初步裁定的时间可以延长，但不得超过 60 天。

2）初步裁定和形成初步裁定各主要证据须以适当的方式向调查过程中的相关各方通报。

（2）最终裁定：

1）调查过程结束时，调查机关要公布本法令第 12 条规定的调查过程中相关内容的最终裁定。

2）最终裁定及最终裁定的主要证据须以适当方式向调查过程中的相关各方通报。

7. 征收反倾销税

（1）在不能实施本法令第 21 条规定承诺的情况下，根据反倾销案件处理委员会的最终裁定和建议，贸易部部长可作出是否征收反倾销税的决定。

（2）反倾销税税率不得超过最终裁定中的倾销幅度。

（3）自决定采取反倾销措施之日起，征收反倾销税的期限不得超过 5 年。

（4）在贸易部部长按本法令第 4 章规定做出复审征收反倾销税的情况下，征收反倾销税的期限可以延长。

（5）调查机关以适当方式向调查过程中的相关各方通报是否征收反倾销

税的决定。

（十一）竞争法

2004 年 12 月 3 日颁布的竞争法通过。根据该法律，如果兼并收购以后的企业的市场份额超过 50%，该等交易是不被允许的，除非存在以下情况：一个或多个参与交易的公司有被解散或破产的风险；交易本身可以增加出口，增进社会经济发展和技术进步；如果相关交易方的联合市场份额在 30%～50%之间，法定代表人应提早 30 天通知越南竞争监管机构。只有在越南竞争监管机构书面同意该交易以后才能进行并购交易。

当参与交易的企业市场份额少于 30%；并购以后的企业在法律上仍旧属于中小企业时，企业无需通知竞争监管机构。

1. 竞争管制主管机构

越南竞争监管机构负责竞争法的监管和实施。越南竞争监管机构有权准备并向工业和贸易部或其他相关部门提交关于竞争、反倾销、反补贴、保障措施和消费者权益方面的审批所需的法律文件。越南竞争监管机构最核心的任务是对竞争案件的法律适用的问题。最后，越南竞争监管机构也有责任保护消费者的权利。

2. 竞争法概况

竞争法适用于经济组织或个人，或被称作企业的主体，包括从事生产、提供公共产品或服务的企业；包括从事国家垄断行业企业，以及在越南经营的境外企业。

3. 竞争管制措施

竞争法由 6 章 23 个条款组成，规范竞争行为、不正当竞争行为以及处理竞争案件的程序和对违反竞争法律的处罚。

第二节 电力相关法律法规

一、越南电力法律法规

目前越南适用的电力法律包括第 28/2004/QH11 号《电力法》、第 24/2012/QH13 号《电力法修正及补充法》、第 137/2013/ND－CP 号《电力法及电力修正及补充法实施细则》。

（一）《电力法》相关概述

1.《电力法》（第 28/2004/QH11 号）

越南国会在 2004 年 12 月 3 日越南社会主义共和国第十一届国会第九次会议通过了《电力法》并于 2005 年 7 月 1 日起生效。该法对越南电力的规划、投资、节约用电、电力市场、各类主体在电力经营活动和用电过程中的权利和义务、电力设施保护、电力工程和电力安全等重要事项作出了具体规定。该法第五条还对电力国际合作作出专门规定："在尊重国家独立、主权和有利于各方的基础上扩大国际合作和融入国际经济。国家鼓励外国组织、个人参与在越南境内从事电力经营活动并为其创造有利条件；在从事电力经营活动中，国内的组织、个人与外国组织、个人、国际组织开展合作。"至此，越南有了一部规范电力行业的法律文件，电力行业发展步入法制化轨道。

第 28/2004/QH11 号《电力法》共十章，除了第一章总则及第十章附则外，规定了下面八章内容：

第二章　电力规划和投资发展；

第三章　电力生产、输电、配电和使用过程中的节约；

第四章　电力市场；

第五章　电力活动许可证；

第六章　电力单位及电力用户权利与义务；

第七章　保护电力设备、电力工程和用电安全；

第八章　农村、山区、边境、海岛用电；

第九章　国家对于电力活动和电力使用的管理等内容。

2.《电力法修正及补充法》（第 24/2012/QH13 号）

第 24/2012/QH13 号《电力法修正及补充法》对第 28/2004/QH11 号《电力法》中的部分条款进行了修订，主要包括以下几个方面。

（1）原“工业部”改为“工业与贸易部”。

（2）增加对农村、山区、边境、海岛以及经济极其落后地区的优先开发政策，鼓励使用现代化设备以及鼓励新能源和可再生能源开发的政策。

（3）增加电力开发规划的具体内容，对电力开发规划与变更做出更加具体的规定。

（4）对零售电价的框定、电价框定管理等做出调整。

（5）要求工业与贸易部制定电力活动许可证的授予、延期、修改、补充等具体规定。

（6）增加电力事故处理规定。

（二）电力法重要规定

《电力法》《电力法修正及补充法》《电力法及电力修正及补充法实施细则》（统称为“电力法”），电力法的重要规定如下。

1. 越南发展电力的指导思想和基本原则

越南发展电力的目的是满足经济社会发展、国防及能源安全的需求。根据越南《电力法》第四条的规定，越南电力发展的政策主要是在优先开发一切资源的基础上稳固地发展电力，以稳定的质量、安全和经济、文明的服务为人民群众生活服务和满足经济社会发展的用电需求，为保障国防、安全和国家能源安全贡献力量；按照公开、平等、有序竞争、国家调控的原则建设和发展电力市场，旨在有效地提高电力活动；保障电力企业和用电人的合法权益；吸引一切经济成分参与发电、分配电力、电力批发、电力零售和电力专业咨询活动。国家垄断电力输送、国家电网系统调度、各类大型电厂的修建和运行，对于经济社会发展、国防安全具有十分重要的特殊意义；在电力经营活动和使用电力的过程中，运用先进的科技，旨在节约、有效地提高各类能源资源的利用，保护生态环境；大力推广开发和利用各类新能源、可再生能源用于发电。越南主要采取竞争与国家调控结合的发展方式，采取国家垄断的经营方式，主要开发新能源（包括核能）和可再生能源。

2. 鼓励电力投资的优惠政策

越南鼓励电力投资的优惠政策主要表现在三个方面：一是鼓励在越南国内生产或者进口属于节电产品名录中的装备、设备、物资、工艺流水线，对其实行税收优惠，旨在生产节电产品；二是对采用先进的科研成果的项目、投资生产各类节电产品的项目或者旨在以节电为目的的投资项目，可以享受从扶持发展基金和科技发展基金贷款的优惠；三是对投资发展使用各类新能源和再生能源发电厂的投资项目可以享受财政部出台的关于投资、电价和税收方面的优惠。

3. 越南电力投资应符合规划

越南《电力法》规定，在越南的任何电力投资必须与电力发展规划相适应，电力发展规划中没有的各类电力投资项目只有在负责电力开发规划制定的单位提交获得主管部门规划批准后方可实施，电力项目投资者有责任严格执行投资、建设和环境保护法的各项规定，发电、输送、电力分配企业有责任投资修建电站、安装电表和架设至电表的输电线路以便销售电力，任何组织、个人新建或者改造、扩大电力工程必须使用与国家主管部门规定的越南国家标准、行业规则、标准相适应的现代化的技术装备、设备。工贸部、省级人民委员会公布各个时期和已经批准的投资项目的各类电力项目名录以吸引投资。

《电力法修正及补充法》从电力基本法的层面提高了电力开发规划的重要性，单独增加第 8a 条，对国家及地方电力开发规划的主要内容做出规定。对于没有在电力开发规划范围内的电力投资，在中央层面，需要由工业与贸易部提交获得总理批准；在地方层面，需要由省人民委员会获得省人民议会通过后提交获得工业与贸易部批准。

4. 电力安全规定和技术标准

越南《电力法》中没有单独列出有关电力安全规定和技术标准的规定，相关规定详见于总则、电力市场、电力单位义务、电力安全等章节。

总则中规定，实施电力工程建设、提升、扩建的组织或者个人必须使用现代装备和技术，满足有关部门的规定以及政府制定的越南标准。

第四章电力市场中规定，电力测量或计量设备必须保证符合技术要求，根据法律要求进行检测、调整、试验，由卖电方负责。如果使用中电力用户与卖电方就电力测量或计量设备发生争议，可以提交当地电力管理部门要求进行独立检测，设备经检测符合越南标准的，检测费用由电力用户承担，反之由卖电方承担。

第六章电力单位及电力用户权利与义务中规定，发电单位应当遵守电厂和电网运营的规程和技术规定，对于水力发电站，水电站大坝以及水库管理必须符合安全规定。

第七章保护电力设备、电力工程和用电安全中规定，500kV 及以上的高压输电线安全隔离区域，除了电网运行服务外禁止搭建居住用房和其他工程；公路及铁路上方输电线最低垂点距离地面不得低于 4.5m 加电压等级决定的安全放电距离；电车轨道上方输电线最低垂点距离地面不得低于 7.5m 加电压等级决定的安全放电距离；变电站安全保护区域禁止搭建超过 2m 居住用房和其他工程，禁止种植超过 2m 树木。此外，该章节还规定了电力工程居民安置、地下电线、发电、输配电、国家电力系统联网、生产及生活用电、带电护栏等应当满足电力安全规定和技术标准。

5. 越南电力投资用地问题

根据越南国家主管部门已经批准的电力发展规划和用地规划、计划，各级人民委员会有责任为各项电力工程的建设备足土地。投资者在编制电力工程投资项目文件时必须明确需要使用的土地面积和补偿、平整土地的方案。一旦电力投资项目得以批准，国家主管部门决定划拨土地、出租土地以便投资者实施项目。各级人民委员会在各自的职责、权限范围内有责任会同电力项目投资者一起编制和实施平整土地、移民、回迁定居的计划；补偿土地、财产损失；保护项目用地面积和电力工程的安全走廊。

6. 越南对电力投资者的要求

发电企业有责任选择先进、高功率的发电工艺和实施发电设备最佳运行方式，旨在节约燃料和用于发电的能源，为保障越南国家能源安全贡献力量。输电线路系统和电站必须保障各类先进的参数和经济技术标准以最佳的方式得以运行，旨在满足稳定、安全、不间断和减少电能损失的供电需求。

7. 越南电力市场的相关制度

越南《电力法》规定，对于参与电力市场的各方合作伙伴一视同仁，确保公开、公平、有序竞争。尊重合作伙伴选择的权利和各方合作伙伴在电力市场上从事电力贸易的交易形式，使之与电力市场的发展进度相适应。电力市场的经营活动由国家监管，旨在确保稳固发展电力系统，满足提供安全、稳定、有效的供电需求。越南电力市场包括：发电竞争市场、电力批发竞争市场、电力零售竞争市场。参与电力市场的主体有：发电企业、电力输送企业、电力分配企业、电力批发企业、电力零售企业、国家电网系统调度企业、电力市场交易管理企业、用电户。在越南，电力市场上的电力交易有两种方式：一是通过买卖双方间的合同进行交易；二是买卖双方之间通过电力市场交易管理部门现场进行交易。

（1）越南电力交易制度。越南电力交易合同必须通过文本形式体现，包含下列各项内容：合同主体；使用目的；服务标准和质量；各方的权利和义务；电价、结算的方式和时间；终止合同的条件；违反合同约定应承担的责任；合同的期限；由双方协商达成的其他内容。关于电力计量，越南《电力法》规定：发电企业、电力输送企业、电力分配企业有责任对电力计量事宜进行投资，全部安装各类电力计量设备和辅助设备，各方达成其他协议的情形除外；电力计量设备必须符合越南国家标准且经过国家度量管理部门检验和密封；电表必须安装在用电人管理区，各方约定的其他情形除外。电表安装位置和安装事宜必须确保安全、美观，方便供电人检查电表指数和供电人抄录电表度数；用电人有责任保护安装在自己管理区的电表，一旦发现电表被盗或者损坏必须及时告知供电人；供电人有责任保护安装在用电人管理区以外的电表。

（2）与外国进行电力交易的制度。越南《电力法》第 28 条规定了越南如何与外国进行电力交易。该条规定与外国进行电力交易必须获得国家主管部门的批准，并且在《电力经营活动许可证》中注明，且必须通过国家电网系统进行。其中，通过 220kV 及以上的国家电网向外国购售电的政策由总理批准，工业与贸易部负责具体的提议；通过 220kV 以下的国家电网向外国购售电的政策由工业与贸易部批准。通过国家电网与外国进行电力交易必须遵循以下原则。

1）不影响国家电网系统运行中的安全、可靠和稳定性。

2）满足国家电网的技术经济要求，符合国家电网运营管理的规程、规则标准。

3）不损害国内用电人的利益、国家利益和国家电力安全。边境地区的用电人可以不通过国家电网系统而直接向外国购电，但是，必须保障符合电力安全标准和相关法律的其他规定。具体为：电压等级为 0.4kV，且满足下列条件：① 边境地区用电人为越南公民；② 用电人的最大用电量不超过 10kW，并且不与国家电网相连；③ 从边境至用电人的线路全部由购电人投资和经营管理；

④ 保证符合电力安全标准和技术规定；⑤ 取得地区人民委员会批准；⑥ 省级人民委员会负责对边境地区电力用户从外国购电进行指引、管理、监管和检查。

8. 电力经营许可

在越南，任何人从事电力经营活动都必须获得《电力经营活动许可证》。关于电力经营活动许可证的发放、变更，越南《电力法》第 32 条作了规定。每一个组织、个人可申领一份许可证以便从事一类或者多种类型的电力经营活动。与国家电网系统并网的发电企业、电力输送企业、电力分配企业、电力批发企业、电力零售企业、电力专业咨询机构的《电力经营活动许可证》由工贸部发放。在地方范围内从事小规模电力经营活动的组织、个人的《电力经营活动许可证》由省级人民委员会根据工贸部的指导意见予以发放。发放《电力经营活动许可证》的机关有权对《电力经营活动许可证》进行修改、补充、收回。对《电力经营活动许可证》的修改、补充必须与已经领取的《电力经营活动许可证》的组织、个人的执行能力相适应。给发电、电力输送、电力分配企业发放《电力经营活动许可证》必须与已经批准的电力发展规划相适应。

9.《发电许可证》的发放

（1）《发电许可证》申请材料。

1）越南工贸部于 2015 年 5 月 29 日颁布的关于《电力活动许可证》颁发程序、手续、有效期和撤销等规定的 10/2015/TT-BCT 号《通知》（下称“10/2015/TT-BCT 号《通知》”）附带附录的 01 范本所规定的《发电许可证》申请书。

2）申请颁发《发电许可证》组织的《企业登记证》的公证件。

3）10/2015/TT-BCT 号《通知》附带附录的 7b 范本所规定的电站技术直接管理人、班组长人员名单；名单上的人的《毕业证书》及有调动权的机关按工贸部颁布的《国家电力系统调度流程》向其颁发的《运行证书》的公证件。

4）国家有关部门颁发的《电站投资项目批准决议》的公证件。

5）国家有关部门颁发的电站投资项目的《环境影响评估报告批准决议》或《环保计划确认书》的公证件。

6）《电力购销合同》的公证件。

7）劳动安全要求较为严格的设备名单及投资业主保证依法使用劳动安全要求较为严格的设备的《承诺书》。

8）保证遵守消防相关法律规定的证明资料的公证件。

9）对于水电站，应具备国家有关部门颁发的《水库运行流程批准决议》的公证件。

10）有权依法调动电力系统及电力市场的机关所颁发的通信、通讯等技术基础系统的验收记录的公证件；完成将信号连接 SCADA/EMS、SCADA/DMS 等系统的验收记录的公证件。

11）水库、能源库验收记录的公证件；向国家有关部门提交的水库安全登记书的公证件；合法的保证水库及水库下游区域安全的方案的公证件；对于鉴定期已到的水库，则应具备水库鉴定结果报告的公证件。

12）最终验收记录或证明各机组可投入使用的确认书的公证件。

13）电站与电力系统调动单位之间的配合流程的公证件。

若获发《发电许可证》单位变更了名称、注册地址，则档案只包括本条第一款和第二款规定的内容。

（2）颁发《发电许可证》的流程。

申请颁发《发电许可证》的材料（以下简称为“申请材料”）准备好后，申请颁发《发电许可证》的组织、个人（以下简称为“组织、个人”）按如下程序办理申请手续：

1）组织、个人依照 10/2015/TT－BCT 号《通知》第二章的规定向颁发《发电许可证》机关（以下简称为“颁发机关”）提交申请材料，并对申请材料的准确性和真实性承担责任。组织、个人可通过邮寄、颁发机关官方网站（若有）等方式提交申请材料。

2）自收到申请材料后 3 个工作日内，若申请材料不充足、不合格，则颁发机关有责任书面通知组织、个人，并说明理由及修改、补充材料、资料及相关信息的要求以便组织、个人完善档案。

3）自收到颁发机关的修改、补充申请材料、档案及相关信息的书面要求后 5 个工作日内，组织、个人应对申请材料、档案、相关信息进行补充、修改并作出书面回复。

若颁发机关提出的修改、补充申请材料、档案及相关信息的书面要求后 60 个工作日，组织、个人仍未对申请材料、档案、相关信息进行补充、修改并作出书面回复，则颁发机关有权退回申请材料。

4）自收到合格档案后 15 个工作日内，颁发机关有责任对申请材料进行审核、在电站现场进行检查（若需要）并颁发《发电许可证》。

5）对申请材料进行审核、检查过程中，若觉得组织、个人未满足法律规定的相应条件，则颁发机关有权要求组织、个人补充条件或以书面形式拒绝颁发《发电许可证》并说明拒绝颁发的理由。

（3）颁发《发电许可证》的职权。

1）如属以下领域，则由工贸部颁发《发电许可证》：① 规模大且属经政府总理审批名单的对经济社会、国防安全有重大意义的电站的发电活动；② 电力输送活动；③ 电力进出口活动。

2）如属以下领域，则由电力协调局颁发《发电许可证》：① 非本条第一款 1 项规定的情形，且发电功率不低于 3MW 的电站的发电活动；② 电力分配活动；③ 电力批发活动；④ 电力零售活动；⑤ 电力专业咨询。

3）如属以下领域，则由省、直辖市的省级人民委员会颁发或授权工贸厅颁发《发电许可证》：① 当地的发电功率低于 3MW 的电站的电力分配活动；② 在当地进行的 35kV 以下电压的电力分配活动；③ 在当地进行的 0.4kV 以下电压的电力零售活动；④ 电力专业咨询，包括：电压低于 35kV 的电线及变压站工程的投资建设咨询，在当地进行企业登记；电压低于 35kV 的电线及变压站工程的施工监理咨询，在当地进行企业登记。

（4）颁发《发电许可证》的条件。

1）有可行性、且符合已经审批的电力发展规划的电站建设投资项目。具备符合已经批准的技术设计的工艺设备、服务工具、厂房、建筑工程；建设、安装、检查验收等工作应符合相应的规定。

2）技术直接管理人、直接运行人应具备电力专业或其他相应技术专业的《大学毕业证》，且其在发电领域的工作时间不低于 5 年。直接运行人应经专业的培训、安全的培训；经培训并依法获发《电站、电力市场运行证书》。

3）具备符合法律规定的电力系统及电力市场的要求的通信技术基础系统、资料收集监控系统。

4）劳动安全要求较为严格的设备应经技术鉴定，以保证符合技术要求。

5）发电项目应具备经国家有关部门审批或国家有关部门接受的且符合环保相关法律规定的《环境影响评估报告》《环保承诺》。

6）电站的消防系统应经国家有关部门的验收。

7）水电站应具备经国家有关部门批准的水库运行流程。

8）法律规定的与水电站水库安全问题相关的资料及其他资料。

（5）《发电许可证》的有效期为 10 年。《发电许可证》期限届满前 60 天，若获发《发电许可证》的电力单位拟继续运行，则应依照 10/2015/TT－BCT 号《通知》第十四条第一款的规定准备申请档案并依照法律规定的程序办理相关手续。

（6）获发《发电许可证》的主体应履行的义务。获发《发电许可证》后，电力单位应履行 10/2015/TT－BCT 号《通知》所约定的以下各项义务：

1）依照《发电许可证》的规定实施发电活动。

2）若电力单位须变更《发电许可证》上的名称、注册地址、活动类型、活动范围、期限等内容，则应申请换发《发电许可证》。

3）在整个发电活动期限，应维持已登记及经批准的发电条件。

4）遵守相关法律法规的规定。

5）依法缴纳颁发《发电许可证》的各项规费、费用。

6）在停止发电活动或将发电活动转交给其他人前60日，电力单位应通知颁发机关。

7）变更《发电许可证》上的注册地址后30日内，电力单位应报告颁发机关。

8）不得将《发电许可证》出租、出借给他人，不得自行修改《发电许可证》的内容。

9）接收国家有关部门对《发电许可证》的使用及已登记的发电活动条件的检查、清查并执行国家有关部门的处罚。

10）于每年3月1日前，依照10/2015/TT－BCT号《通知》附带附录的8a、8b、8c、8d等范本的规定将上年的维持发电条件情况提交给颁发机关。

二、越南国家基本电力政策

（一）国家垄断领域

目前越南的输电、国家电力系统管理以及大型重要电站仍属于越南国家垄断领域，不允许私人从事。

（二）新能源与可再生能源

越南在2013年修订《电力法》时，作出特别规定，要求制定具体的激励政策鼓励新能源和可再生能源的开发。2017年9月，越南工业贸易部就促进太阳能电力项目开发做出具体规定。

（三）农村、山区、边境、海岛电力开发政策

越南《电力法》规定，在农村、山区、边境、海岛地区进行的投资和电力活动没有取得经济效益的，国家对电力活动单位有补助政策。国家对架设连接到环境特别困难、属于社会政策照顾对象的用户所在地的输电线路进行的投资给予补助。这些用户由地方人民委员会确定。

国家的补助政策包括如下内容，由财政部主持、配合工业部指导实施各项补助政策：① 投资补助；② 投资贷款利率补助；③ 税收优惠。

此外，各级人民委员会有责任为在农村、山区、海岛进行电网投资、改造、升级的组织和个人创造有利条件。

对于上类地区没有与国家电网相连的情况，越南政府给与地方一定的电价制定权，尤其是非生活用电，《电力法修正及补充法》规定由当地人民委员会咨询电力管理部门后，根据保障电力单位收回投资并且取得合理利润的原则制定电价，取消之前有关“不得超出电力法规定的零售电价表的价格框架”的规定。

三、市场准入政策

市场准入的标准和审查包含在越南加入世界贸易组织（WTO）的协定中，该协定规定了关于境外投资者进入货物以及服务市场的关键条款，WTO 协定承诺在 2007 年向境外直接投资放开市场准入。从那时起，越南每年都会进行改革以放宽市场对外资的限制。

越南现正放宽引进外资的政策，从 2015 年 7 月 1 日起，越南开始施行修订后的《投资法》和《企业法》。根据该两部新修订的法律规定，除了银行业、电信业、航空业及国家防务行业以外，外国投资者对越南企业的持股比例可达 100%、彻底突破了以前持股比例 49%的限制；同时，越南也将禁止外国投资的领域数量从 51 个降至 6 个；与此同时，越南政府还大幅度简政放权、提高透明度，废除了“多个”许可证等。草案拟取消《投资法》中 67 种经营业务的限制条件，外国投资者将可持有过半数股份或全资经营。该 67 类业务涉及债券交易服务、房地产交易所经营、房地产评估及中介、黄金条制造、煤炭交易、商业评估服务、汽车保修维护服务、进口无线电广播及收发器以及整形外科服务等近年来外商投资热门行业。此外，涉及食品、卫生、动物、培训教育及咨询等服务行业的外资股比限制也将有所放宽。草案还允许外国投资者百分百持股经济组织，但《证券法》管辖的上市企业、公众公司、证券及基金管理公司除外。《投资法》和《企业法》允许境外投资者（法律实体或个人）参与越南以下主要种类的经济活动，但是特殊行业的投资如银行和保险需要符合特殊法律法规的规定。

自2015年9月1日起，越南政府允许外国投资者百分之百持股国内上市企业，但计划投资部规定了限制条件的经营业务除外。计划投资部一直未明确该限制类业务清单。《投资法》虽列举了267种附条件的经营业务和行业，但并不是60号决议规定的限制清单。目前，只有个别企业的外商持股比例提高到100%，其他企业仍在观望等待正式的限制清单。不同业务类型的外资股比要求并不相同。

60号决议放宽了外资购买越南上市公司股份的限制要求，疏通外资流入越南股市的渠道，使得越南股票市场也成为投资热门目的地。60号决议实施近一年来，越南股票指数（VN－INDEX）基准上升15%。

（一）鼓励投资的领域

越南政府鼓励投资的领域有：① 新材料、新能源的生产等项目；② 种植、养殖及加工农林水产等项目；③ 应用高科技、现代技术，保护生态环境及高科技研发与培育；④ 雇佣500～5000人劳动密集型产业；⑤ 基础设施建设；⑥ 发展教育等民族文化事业的项目；⑦ 发展民间传统手工业；⑧ 其他需鼓励投资的生产和服务项目。

（二）重点扶持投资的领域

按照越南《投资法》第19条规定，以下8个领域得到越南政府重点鼓励、扶持：① 扶持技术基础设施、社会基础设施系统；② 扶持培训、发展人力资源；③ 扶持贷款；④ 扶持接近生产、经营平台；⑤ 扶持生产基地从市区转移；⑥ 扶持科学、技术、转移工艺等领域；⑦ 扶持发展市场，政府积极提供信息；⑧ 扶持研究和发展。

四、劳务政策

（一）劳动法律法规概况

《劳动法》处理多数与劳工相关的问题（例如招募、雇佣合同、工作时长、休息期、纪律和争议解决）。《劳动法》适用于当地和海外雇员及雇主（包括海外组织）。劳动和社会事务部（简称“劳动部”）对劳动领域负有主要监管责任。

1995 年 1 月 1 日越南《劳动法》实施，2012 年 6 月 18 日越南颁布新《劳动法》。《劳动法》规定雇主和劳动者之间必须以书面形式签订劳动合同、一式两份，双方各执一份，《劳动法》规定劳务合同应包括工种、工作时间、工作场所、休息时间、薪资、合同期限、劳动安全、劳动卫生、社会保险等内容。

1. 试用期期限

要求高等及以上专业和技术水平工作的试用期不超过 60 天，技术和专业要求一般性水平的工作试用期不超过 30 天，其他类型工作试用期不超过 6 天。试用期薪资不少于正式录用薪资的 85%，试用期内，双方可对合同进行修改和补充。

2. 社会保险

规定工作时间超过 3 个月和无期限合同，须办理强制性社会保险。劳工因工受伤残，雇主须支付医疗费，如未投保，亦按社会保险条件支付赔偿。根据越南社会保险局 959 号通知，自 2016 年 1 月 1 日起执行最新的社会保险缴纳标准，其中社会保险项目，用工单位和雇员缴纳标准分别相当于雇员月基本工资的 18%和 8%；医疗保险项目是 3%和 1.5%；失业保险项目是 1%和 1%。因此，雇员月保险费是其月基本工资的 32.5%。

3. 劳动合同的类型

劳动合同可分为下述类型：① 不确定期限的劳动合同；② 确定期限的劳动合同；③ 工作合同、季节合同。

4. 签订劳动合同的条件

签订劳动合同双方必须具备合法资格和劳动行为能力。劳动力使用者必须是依照法律规定，有充分条件雇用、使用劳动力的法人或个人。15 周岁以上的劳动者有权签订劳动合同。15 周岁以下者也可签订劳动合同，从事法律允许的工作，但必须征得父母或合法代理人的同意。

不得使用 18 周岁以下劳动者从事重体力劳动、有毒工种。劳动力使用者和劳动者在签订劳动合同时，可就试用和试用期作出商定。试用可单独签订合同。试用期依工作性质而定，但最长不得超过 20 天。

对管理、技术等复杂工作，试用期可相对延长，但最长不得超过 30 天。试用期的权利与义务由双方商定，但报酬不得少于该项工作级别工资的 70%。试用期间，任何一方均有权单方废止劳动合同，不须提前通知和付赔偿金。

5. 业主终止合同

业主单方终止劳动合同时，应事先通报劳动者，通报时间要求如下：无期限合同，提前 45 天通报；1～3 年合同，提前 30 天通报；1 年以下期限合同，提前 3 天通报。辞退工人时，业主须按每年半个月工资及奖金支付补偿。

6. 劳动合同无效

下述劳动合同被视为全部无效：① 合同一方无合法资格或无劳动行为能力；② 合同一方被逼迫或被欺骗；③ 劳动合同内容违反法律禁令；④ 劳动合同有限制劳动者加入或参加工会活动权利的内容。

劳动合同部分违反法律禁令时，该部分无效，合同其余部分不受影响。劳动合同作出全部无效或部分无效结论的权限属劳动监察机关。

7. 最低工资标准

越南将全国分为四个区实施不同的最低工资标准。

一区为河内和胡志明市；二区为河内和胡志明市的农村地区，以及芹苴、岘港和海防市区；三区为省级城市及北宁、北江、海阳和永福市区；四区为剩余区域。根据越南政府关于劳动者最低工资标准规定的第 12212015/ND－CP 议定书，2016 年 1 月 1 日起第一地区最低月薪标准为 350 万越南盾；第二地区 310 万越南盾；第三地区为 270 万越南盾；第四地区为 240 万越南盾。上述工资标准是在正常的劳动条件及工作时间提供正常劳动的前提下，企业向劳动者支付的最低劳动报酬。企业在支付月薪时，还需包含加班工资、夜班工资、职业危害防护费及其他费用。

目前，越南劳动力人均月收入 422 万越南盾（约合 202 美元）。其中，国有企业员工、人均月收入 528 万越南盾（约合 264 美元），国有控股企业 451 万越南盾（约合 220 美元），外资企业 418 万越南盾（约合 204 美元），民营企业 374 万越南盾（约合 178 美元）。部分行业收入较高，如矿山、冶炼、电力、金融和电信等，人均月收入 900 万～1300 万越南盾（约合 430～622 美元）。近年来，越南国内通胀压力较大，物价上涨较快，员工工资年均涨幅约 10%。员工社会基金来源包括企业交纳工资总额的 15%、员工交纳工资额的 5%、政府补贴、基金本身收入及其他来源。

8. 违法解雇的法律风险

2018 年起，以结婚、怀孕为由解雇劳动者的，最高可处 3 年刑罚。这是越南 2015 年《刑法典》（2017 年修正案）的主要内容之一。

虽然越南 2012 年《劳动法》规定用人单位不得以结婚、怀孕、休产假、抚养 12 个月以下的小孩为由，解雇女性劳动者或单方终止与女性劳动者的劳动合同，但是实际上仍有很多用人单位以上述理由为借口违法解雇劳动者。

（二）外国人在当地工作规定

（1）在满足以下条件的情况下，外国人才可以在越南工作：① 具备完全民事行为能力（18 周岁以上且具备能够自己确立、实现民事权利和义务的能力）；② 具备符合工作需求的专业知识、技能和身体健康；③ 根据越南法律和外国法律规定，不是罪犯或被追究刑事责任的人；④ 具备由越南职能部门颁发的劳动许可证。

（2）外国人在越南申请劳动许可证应当满足的条件，除提交用人单位劳动许可证申请书外，还需要满足：① 具有完全民事行为能力；② 身体健康符合工作要求（外国或越南医疗机构出具的健康证或体检报告，有效期为自证明出具之日起 12 个月内）；③ 作为管理者、经理、技术专家或技术人员；④ 外国颁发的从颁发之日起至提交材料之日止不超过 6 个月的司法履历表（类似中国的无犯罪记录证明，但是司法履历表还包括不能担任的职务、成立和管理公司、合作社等内容）或外国劳动者无犯罪记录或未被追究刑事责任的证明；⑤ 两张 4cm×6cm 白底彩色相片，不配戴眼镜且照相期限不超过六个月；⑥ 经认证的护照副本或其他可以代替护照的证件；⑦ 外国劳动者国家管理机关的批文（如有）。

（3）以下人员不需要劳动许可证：① 有限责任公司的股东（成员）或所有权人；② 股份公司董事会成员；③ 作为在越办事处、国际组织项目、非政府组织的负责人；④ 到越南提供服务不超过三个月的；⑤ 赴越南处理影响或危及生产经营的复杂技术事故而越南专家和正在越南的外国专家无法处理的，且不超过三个月的；⑥ 根据律师法的规定，在越南已获得执业许可证的外国律师；⑦ 根据越南作为成员国的国际条约的规定；⑧ 留学越南学习的学生、大学生在越南工作的，用人单位应当向省级劳动管理部门报告；⑨ 中央政府规定的其他情形。

（4）劳动许可的有效期最多两年，且须与以下期间重合：① 雇佣期间；② 调动（就公司内部调动而言）期间；③ 合同的履行（就服务的提供而言）期间；④ 在越南开展运作的海外非政府组织或国际组织的许可期间；⑤ 任命期间（如相关侨民在越南建立了商业实体）。

第四章 电力建设工程项目造价管理

越南作为东南亚市场的典型国家，与东南亚其他国家（如泰国、缅甸、老挝以及柬埔寨等）在电力工程项目管理机构设置及职责划分上既有差别，又有相似之处。本章主要介绍越南电力建设工程项目造价管理内容，涉及 3 方面内容：一是简介越南电力工程造价管理的相关机构的构成及职责；二是越南工程建设项目管理；三是越南工程招投标方式及工程承包流程。本章的章节结构如图 4－1 所示。

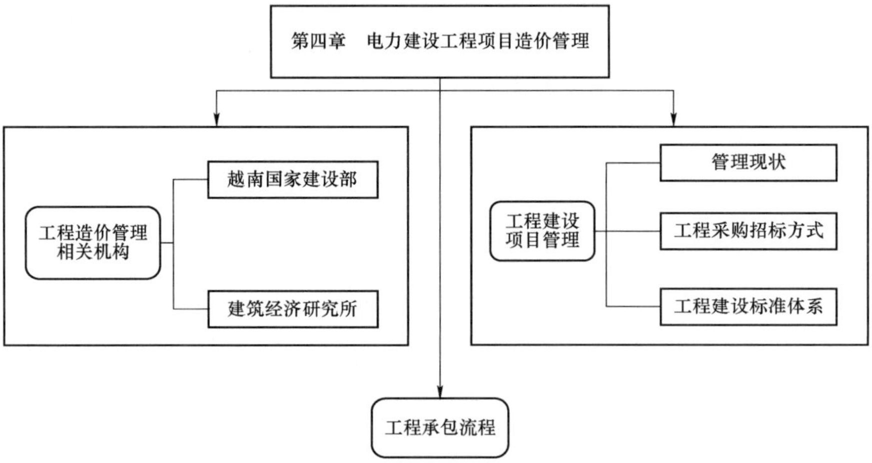

图 4－1 第四章结构

第一节 工程造价管理相关机构

一、越南国家建设部

（一）基本情况

越南国家建设部（Ministry of National Construction of Vietnam，简称“MOC”）是越南电力工程造价管理的主管机构，其职能主要是承担越南全国建设管理的责任，建立工程建设标准体系、规程和规范，制定建设管理的相关政策文件、规划，以及参与涉及建设管理的相关法律法规的制定。越南国家建设部负责对越南全国建筑投资成本进行统一的管控，并提供一定的指导。例如，负责建设总投资、建设工程概算、建设规范以及项目管理费用的制定和调整。此外，根据市场机制确定建筑材料价格、劳务价格、施工机械费用以及建筑设备价格等。

越南国家建设部下属的建筑经济研究所（Institute of Construction Economics），负责发布与工程造价相关的建筑材料价格、单价、规范、建筑价格指数、基本建设投资资本以及建筑成本估算调整指南等内容。

（二）组织架构

本书将对越南国家建设部内部的有关机构进行简要说明：

规划—建设部（Planning-Architecture Department）主要负责建筑规划工作，其主要核心工作内容包括：建筑规划、城市规划、农村发展规划、工业园区规划、经济开发区规划、高新技术以及特定功能区规划、城市设计、空间管理以及城市景观设计等内容。

建材部（Building Materials Department）的主要职责是负责向建材部的部

长及建筑工程领域的管理人员提供相关咨询。

建筑经济部（Construction Economics Department）负责就建设管理领域的经济发展向政府提供有关政策咨询和建议。

科技与环境部（Science-Technology and Environment Department）负责就建设领域中的科学技术和环境影响问题向科技与环境部长提供相关建议，工作内容包括但不局限于科研和技术的开发、技术转让等。

计划—财务部（Plan-Finance Department）负责提供制定管理计划、投资和统计建议；制定估算成本，执行并绘制年度国家预算等。

企业管理部（Enterprises Management Department）负责履行其国有企业的权利、责任和义务，以及对其下属企业的国有资本投资依法进行管理，并由部长授权对国有企业、经济合作组织在其国家管理范围内的经济活动履行管理职能。

法务部（Legal Affairs Department）负责为部长提供法律建议，依法进行建设部的法律活动。

国际合作部（International Cooperation Department）负责在建设管理领域开展国际合作和国际一体化工作。

组织和人事部门（Organization and Personal Department）负责现场组织、人员培训、薪酬、卫生、表彰、报纸以及单位信息的发布和党的建设。

办公室（Ministry's Office）协助部长批准部委的工作计划，组织实施行政、文件档案管理、行政管理、财政安全以及军事保护等。

监察局（The MOC's Inspectorate）协助部长执行有关检查、解决投诉和预防反腐败法律规定的制定；对部委管理领域内的机构、组织、单位和个人进行行政检查，对建设部管理领域内的部门、组织和个人进行专门检查。

建设活动管理办事处（Construction Activities Management Agency）负责在建设活动领域提供建议，主要包括：建设投资项目的制定、评估、批准和管理等。

国家建筑工程质量监督局（State Agency for Construction Quality Inspection）主要职能是为部长提供咨询和协助，并在国家质量建设和实施中执行相关执法工作。在部长授权下，在建设部的管理范围内检查施工质量。

城市发展办事处（Urban Development Agency）负责提供建议和协助建设部长管理并对城市发展领域进行执法，执行城市发展领域的计划和项目的实施及在部长授权下管理国有投资。

技术基础设施办事处（Technical Infrastructure Agency）职能是在城市基础设施和工业园区、经济区以及高新区领域为政府提供建议和协助。

住房和房地产市场管理办事处（Housing and Real Estate Market Management Agency）负责住房和房地产业务，为政府执行国家主要住房计划等领域提供建议，协助部长管理和承担房地产执法部门的职能。

信息中心（The Information Center）负责推广信息技术在整个建筑业中的应用，提供培训，开展科研，并推动技术进步，使用信息技术帮助施工单位的生产和业务发展。

二、建筑经济研究所

越南建筑经济研究所是越南国家建设部直属的公共非商业单位，拥有100多名人员，包括副教授、博士、硕士、工程师和理学学士，负责发布与工程造价相关的建筑材料价格、单价、规范、建筑价格指数、基本建设投资资本以及建筑成本估算调整指南等内容。为了满足相关研究、管理和专业咨询的要求，建筑经济研究所主办了越南《建设经济学杂志》。本部分内容将简要介绍建筑经济研究所的主要职能和组织架构。

（一）主要职能

越南建筑经济研究所的主要职能包括：提供建设投资成本管理咨询、提供建筑规划咨询以及研究建设费用构成。

1. 建设投资成本管理咨询

主要内容包括：建设投资项目总投资的编制和初步核实；评估建设投资项目的有效性；确定工程建设投资资本金率、工程建设维护费用率、工程建设价格；确定并核实工作建设规范和单价；工程的建筑材料价格、人工价格、施工机械价格和建筑设备价格；建筑价格指数；测量工作量；拟定和审查建设投资咨询的费用估算（包括雇用外国顾问的费用）；工程概算；施工活动中承包商的选择；确定建筑活动中的招标价格和合同价格；控制建筑成本；编写付款和合同结算文件；建设投资项目投资资金的支付和确定；建筑合同的估价和法律咨询；拟定施工企业薪酬计划及其他施工投资成本管理工作等。

2. 建筑规划咨询

主要内容包括：建议城市发展提升的融资规模；确定和核实城市发展计划，城市发展区建议的档案以及城市项目的类型；确定并核实用于制定城市发展计划的费用，用于城市发展区的提案的卷宗以及用于升级城市中心的提案；进行咨询以确定和核实施工计划成本（包括雇用外国顾问的费用）；确定和核查规范的咨询服务–单价，服务价格，租赁价格，价格范围，技术基础设施服务的成本估算；咨询投资者选择，运营管理承包商，项目合同，运营共同管理会议，评估技术基础设施服务质量的标准；准备和验证房地产业务项目；确定并核实住房运营管理服务的成本，规范和单价；确定并核实制定住房开发计划的成本；房地产投资，经纪和拍卖；评估公司资产；房地产估价；确定销售价格，租金价格，社会房屋和安置房的租金；提供信息和指数以评估房地产市场；评估房屋运作管理服务的质量；依法履行本所职能和职责的其他咨询工作；安置房屋。

3. 研究建设费用构成

建设规划（包括区域建设规划，城市规划，特定功能区的建设规划，农村建设规划，规划管理规定和城市设计）；审查和选择建筑工程的建筑设计；建设投资（包括：初步建设总投资，建设总投资，建设概算，建设包概算，经济技术规范，工程建设价格，建筑工程的维护，工期的长短，建筑投资成本的控制，聘用外国顾问，项目管理和建筑投资顾问，公共工程量的计量方法，提交确定建筑工程材料价格的方法，确定建筑工人单价的方法，确定建筑机械班次和设备价格的方法，确定建筑价格指数的方法，转换建筑投资成本的方法）；城市发展（包括：建立和管理城市地区的公用事业成本，建立城市发展区的费用，城市发展计划，城市分类计划营销）；技术基础设施（包括：用水量定价方法，清洁水价格等级；排水和废水处理服务定价；成本准备和管理方法，收集服务定价方法收集，运输和处理城市活动和集中的农村居民区产生的固体废物；建立和管理维护城市照明系统和城市绿化成本的方法；价格转换方法公墓服务，火葬服务。

建筑经济研究所作为建设部的下属单位，发布的有关建筑材料价格主要包括当地建筑材料价格、建筑材料市场价格以及具体建筑材料价格三部分；发布的建筑价格指数包括当地建筑价格指数、建设部颁布的价格指数、部分区域和国家的价格指数等内容；单价包括当地单价和工程单价等内容。

（二）组织架构

建筑经济研究所内设附属的主要单位组织结构包括：办公室、战略与经济管理机制研究部、价格与建筑市场研究部、建设投资经济学研究室、城市发展经济学研究室、技术基础设施经济学研究部、外国建筑经济学研究室、规划与科学管理系、财务会计科、建筑投资经济咨询中心以及住房经济与房地产市场研究所等。

第二节 工程建设项目管理

一、管理现状

越南改革开放 20 多年来，建设工程管理方式、组织实施方式不断变革，建设管理的法规及政府工程的管理方式也有巨大变化。但是，就总体而言，政府工程管理方式的现状对社会主义市场经济体制的要求还很不适应，与国际惯例更是相去甚远。目前，越南政府投资者根据组织条件和能力及项目业主的意见，决定选择采用以下几种工程建筑投资项目管理形式之一。

（一）业主直接自行管理

在自行管理时政府有关部门组建一个专门工程监理单位（PMU－Project Management Unit，以下简称 PMU）从事工程管理。自行管理又分两种形式：一是全部自行管理。二是一部分直接自行管理，另一部分委托单位、监理公司管理。政府有关部门通过聘请部分监理工程师与政府管理人员共同管理工程。可以自行管理对于金融、数量、进度等。委托管理对质量、监理数量、监理安装进度等。

（二）业主聘请咨询单位管理

对这些咨询单位的要求为必须具备符合项目规模和性质的组织管理条件及能力。项目管理咨询的权利和义务是按照双方合同协议来实现的。项目管理咨询可以聘请组织、个人咨询参加管理，但必须要得到业主的同意，且要符合业主所签订的合同。当选择采用委托咨询单位来管理项目这一形式时，业主成立 PMU 以帮助业主作为项目管理的关键部位或者业主同样要利用属于本机构的专业单位或指定关键部门以检查、跟踪项目管理咨询实行合同的情况。

对于简单、规模小、总投资额低于 70 亿越南盾的项目，则业主可以不用成立 PMU 而是直接使用自己的专业机构对项目进行管理和调控或聘用有经验的专业人士帮助管理实施项目。总之对于哪个管理形式都需要工程监理单位。目前，越南政府各级部门都有专业工程监理单位。另外还有一种基建雏形是专业管理部门隶属省市委，它们按照省市委规定的职责分工。

越南自从引入项目管理理念到现在，施工企业在项目管理方面与国外企业存在较大差距。越南政府建筑工程方面表面质量问题的背后更多的是管理方面的失误，要么是项目招标流于形式，要么是层层转包，要么就是监理有名无实。这反映出管理机制、体制、法制方面存在问题：工程管理的前期工作滞后，忽视项目的组织与策划，不重视工程合同管理，工程建设监理没有突破质量监理的格局，监理的地位和作用没有充分发挥出来。管理体制上还存在不少不适应新机制的弊端，表现在习惯于政府对建筑工程项目管理，监理不适应全过程全方位进行项目管理的需要，适应总价包干合同等。

二、工程采购招标方式

根据越南《投标法》规定，国际工程项目的招标方式分为竞争性招标和非竞争性招标。竞争性招标包括：一是公开招标，业主通过越南国内有影响的报刊，电视和广播等媒介发布招标信息，不限定投标者的国籍，择优选择中标人；二是限制性招标，业主有选择地邀请若干家承包商参加投标。非竞争性招标即指定标（谈判招标），不通过公开方式确定承包商，根据项目具体要求和所掌握的承包商资信及技术状况，有选择地先后与少数几家承包商进行谈判，直至达成协议。

根据越南《关于细化〈招投标法〉有关承包商的选定之若干规定》63/2014/ND－CP 号法令，政府或国有企业可运作招标系统，供企业（外资和内资）以下列任何方式就项目进行竞标。

1. 公开招标

公开招标是选定承包商或投资者的一种形式，在该招标中，参与的竞标者或投资者的数量不受限制。

2. 有限招标

如采购有较高的技术性要求或技术特性，以至于仅有有限数量的承包商能够满足采购要求，则应该选择有限招标。

3. 直接任命承包商

在某些有限的情况下可进行承包商的直接任命，但仅限在满足某些条件的情况下。

4. 竞争性报价

对于政府规定了金额限制并属于以下情况之一的采购可选择竞争性报价：

（1）常用且简单的非咨询性服务的采购。

（2）属于常用货物、在市场上可随时获得的、具有标准化技术特征并在质量方面彼此相似的货物的采购。

（3）具有经批准的施工图设计的简单工程的施工和安装采购。

5. 直接采购

在满足以下所有条件的情况下可进行直接采购：

（1）承包商通过公开或有限招标中标并签署了先前的采购绩效合同。

（2）采购与先前签约采购具有相似的内容和性质，规模低于先前签约采购的 130%。

（3）适用直接采购形式的采购项目的单位价不应超过先前的类似已签约采购的相应项目单位价格。

（4）从先前采购的签约到直接采购之批准结果的时间不超过 12 个月。

6. 自我实施

在直接管理和使用采购的机构具备采购要求的技术和财务能力及经验的情况下，自我实施应适用于项目的采购和采购的估算。

7. 特殊情况下承包商和投资者的选定

如采购或项目有特别要求，以至于上述承包商或投资者的选定形式无法适用，主管人员应编制承包商或投资者的遴选方案并将方案提交给总理供其考虑和决定。

8. 社区参与履行

以下特殊情况下有采购项目之地方的社区、组织、团队和工人团体可受指派履行该采购的全部或部分：

（1）采购符合面向处于山区和偏远地区、岛屿或经济社会条件存在特殊困难之区域的某些郡、市社的国家计划、消除饥饿或减贫扶持计划的利益。

（2）市社、组织、团体或工人团体可以开展的小规模采购。

三、工程建设标准体系

（一）基本情况概述

越南第一个建筑标准于 1961 年以“QP 01.61：风荷载计算的临时代码”的名称引入。在 1961～1990 年期间，在苏联的帮助下开发了许多建筑标准，并且它们自然地基于苏联标准体系。在计划经济中，本期施工标准的实施主要依据强制性基础与强制性数量建筑标准约占总建筑标准的 95%。从 1990 年至今，已经引入或修订了大量的建筑标准，以适应该国的开放经济。目前，正在使用的大约 1000 个建筑标准已经发布，占总建筑标准的 75%左右。在此期间引入或修订的许多标准均基于ISO/IEC，BS和美国标准系统的高级标准。建筑标准的实施也从强制性基础逐渐转变为自愿基础，以符合国际惯例。

目前，越南国家和分支机构约有1300个建筑标准，由不同的部门准备，批准和管理。科学技术部（Ministry of Science and Technology，MOST）负责批准和管理一般应用标准及生产和货物标准，如水泥、瓷砖等规格。建设部负责土木工程一般应用建筑标准的制定、审批和管理，如钢筋混凝土结构设计标准、钢结构设计标准、建筑工程验收标准。MOST或MOC发布的建筑标准是国家标准。在交通运输和农业建设领域，交通运输部（Ministry of Transport，MT）和农业和农村发展部分别制定了专门的标准。这些标准是分支标准，主要用于各部委管理的建设项目，如道路、水坝、桥梁等。负责标准化工作的部门是标准和质量管理局（STAMEQ），而在MOC、MT和MARD的标准化工作的责任分配给每个部的科学和技术部。

（二）越南国家标准体系

每个国家标准的编码部分由三个领域组成。第一个字段包含表示标准类型的字母代码以及发布它的部门。在2001年之前，交通部发布的标准被赋予了代码TCXD。然而，从2001年至今发布的新标准或修订标准被赋予了代码TCXDVN，以强调它们是国家标准。MOST发布的标准分配有字母代码TCVN。第二个字段按发布顺序包含数字。最后一个数字是批准标准的年份。对于分支标准的编码部分，它由四个字段组成，第一个字段是发布标准的部门的编号，第二个字段是字母代码TCN，表示标准是分支标准，最后两个字段类似于国家标准的最后两个字段。

第三节 越南工程承包流程

在越南的建设活动受2014年6月18日颁布的《建筑法》及其条例管辖。

参与竞标程序的海外承包商的活动主要受《招投标法》（2013 年）及其条例管辖。

一、获取信息

越南计划投资部通过报刊、网站等渠道公布全国范围的投标信息。中国企业可订购由计划投资部主办的《投标报》或通过该部网站获取项目招标信息。

二、招标投标

根据越南《投标法》规定，越南国家投资项目或国际组织贷款项目，一律采用招标方式。大型项目的招标需较长时间的审批。自筹资金项目可通过议标方式进行。越南对项目审批采取分级管理办法。

（1）对于由政府总理审批的项目：总理批准投标计划；批准或委托批准承包商评选结果；批准或委托批准投标过程中产生的相关情况并处理违法行为。

（2）对属于国家秘密的项目；为国家利益而紧急实施的项目；涉及能源安全的项目；由总理批准或委托批准投标计划和承包商评选结果。

（3）对于由部长、部级机关领导、中央其他机关领导、中央直属各省市人委会主席审批的项目：由该部门行政首长负责批准投标计划；批准或委托批准招标标书、承包商评选结果。

（4）对于由省以下各级地方政府行政首长审批的项目：由该部门行政首长负责审批授权范围内的招投标内容。

（5）对于本部门审批权限范围内的项目：可批准项目招投标计划，批准或授权批准标书、承包商评选结果等。

三、许可手续

根据越南《投标法》规定，承包商须符合以下条件才可参加投标：一是有所在国职能部门颁发的营业证书；二是有独立经济核算资格；三是财务状况健康。

承包商参加投标，首先要进行资格预审，一般在业主发布招标公告之后、承包商投标之前举行。资格预审的内容包括承包商以往的业绩与信誉、设备与技术状况、人员的技术能力、管理水平和财务状况等。承包商应提供投标意向书、公司章程、公司技术和行政管理的人员名单、公司现有的机械设备清单、过去5年承揽项目的合同清单等。预审合格的承包商须根据业主的通知到指定的机构购买招标文件，并着手编制标书。标书编制完成后，承包商须在规定时间内送达业主指定的招标机构，参加竞标。承包商接到中标通知后，要在规定的时间内与业主商签承包合同，并递交履约保函。

四、优惠政策

1. 优惠政策享受对象

越南《投标法》规定，在国际投标中享受政策优惠的对象包括：对于商品供应项目，承包商所供应的商品在国内生产成本占25%以上，可享受政策优惠。对于咨询、非咨询、建筑安装项目：以独立或联合体名义参与投标的越南承包商；与越南企业组成联合体且越南企业实施的合同价值占合同总价值25%以上的，则该联合体可享受政策优惠。对于参加咨询、非咨询、建筑安装项目国内投标的承包商，其劳工总量中25%以上为女性，或25%以上为伤兵、残疾人，或为小型企业的，可享受政策优惠。

2. 优惠政策具体实施办法

对于设计咨询项目，享受优惠的承包商，其标书综合分数可增加7.5%。如果该项目为高新技术项目，则承包商的技术分可增加7.5%。对于建造和安装项目，不在政策优惠享受之列的承包商，若其标书出现错误并进行修改后，其评标价需加上参加投标价格的7.5%。对于商品采购项目，不在政策优惠之列的承包商，其评标价需加上相当于商品进口税费总额的价格。不需交纳进口税费的商品除外。

3. 进出口管理

越南《投标法》规定，除国家禁止进出口的商品外，承包商可进口或暂进再出用于实施项目的设备物资。对于许可证管理的进口商品或专业商品，承包商获得越南工贸部或有关行业管理部委批准后方可进口。

4. 进口施工设备

承包商中标后，可在海关直接办理施工设备进口手续。

5. 从国外租借施工设备

在实施项目过程中，承包商可免税从国外租借有关施工设备。项目完成后，承包商需再出口所租借的设备。如在越南处理租借的施工设备，需按越南关于进口二手设备有关规定办理手续。

6. 承包商可免税暂进口施工设备

项目完成后，需进行再出口；承包商可暂出口施工成套设备中的损耗部件，在国外修复或更换后再进口。可直接在海关办理暂进再出或暂出再进手续。

五、申请《承包许可证》需提供的材料

（1）拟申请《承包许可证》的中国公司（下称“中国公司”）的《营业执照》（经公证、双认证的文本二份）。

（2）中国公司近三年经审计的《财务报告》（经公证、双认证的文本二份）。

（3）中国公司的《建筑业企业资质证书》《对外承包工程资格证书》《质量管理体系认证证书》《环境管理体系认证证书》《能力资格等级证书》《安全生产许可证》等相关资质资料（经公证、双认证的文本各二份）。

（4）中国公司法定代表人的《护照》（经中国公证的文本二份）。

（5）中国公司与投资业主签署的“总包合同”（复印件五份：首页加盖公

章，尾页由中国公司签署该合同的人员签字、盖印，全部加盖骑缝章，如合同为英文或中文文本，应在越南进行越南语翻译公证）。

（6）中国公司与越南相应建筑公司签署的《分包合同》或《联名合同》（复印件各五份：首页加盖公章，尾页由中国公司签署该合同的人员签字、盖印，全部加盖骑缝章，如合同为英文或中文文本，应在越南进行越南语翻译公证）。

（7）越南相应建筑公司（分包商或联名方）的《企业登记证》（经越南公证的复印件三份）。

（8）投资业主批准相应越南分包商或联名方的相应函件（原件各一份）。

（9）投资业主的《企业登记证》和《投资登记证》（或《投资证书》）（经越南公证的复印件各三份）。

（10）中国公司任命工程项目负责人的《任命书》（原件三份）。

（11）项目负责人的《护照》（经中国公证的文本五份）。（注：办理手续时，负责人不必前往越南，手续办理完成之后，负责人应凭工作签证和《劳动证》在越南开展或从事相应工作。）

（12）中国公司的相应主要管理和技术人员（共10位左右）的《护照》或《居民身份证》《劳动合同》《大学毕业证书》《硕士学位证书》（若有）《专业技术资格证书》（若有）等资料（复印件各三份，在越南进行越南语翻译公证）。

（13）越南国家有关机关要求的其他材料。

六、中国公司需提供的信息

（1）中国公司的联系电话、传真、邮箱。

（2）中国公司驻越代表处（若有）的地址、联系电话、传真、邮箱。

（3）中国公司针对工程项目执行办事处的地址、联系电话、传真、邮箱。

（4）中国公司近三年已实施的项目/工作（业绩）情况报告，具体包括：项目的名称、地址、所在国，投资业主或聘方名称，承包具体内容，承包合同签署日期、合同金额，分包工作量比例，合同履行期等（按标准表格填写）。

（5）中国公司在越南从事建筑活动的相应能力信息（按标准表格填写）。

七、中国公司需签署的材料

（1）《承包许可证》申请书（原件五份）。

（2）中国公司最近三年的业绩报告（原件五份）。

（3）中国公司任命工程项目负责人的《任命书》越南语文本（原件五份）。

（4）中国公司给予工程项目负责人办理手续使用的《授权委托书》（原件五份）。

（5）中国公司给予法律服务机构或其他机构办理手续使用的《授权委托书》（原件五份）。

（6）中国公司在越南从事建筑活动的相应能力公布登记表（原件五份）。

（7）中国公司税务登记表（原件五份）。

（8）越南国家有关机关要求的其他材料。

八、越南颁发《承包许可证》的权力机关

据越南政府于2015年6月18日颁布的关于建筑投资项目管理的59/2015/ND-CP号《议定》（以下简称为“59/2015/ND-CP号《议定》”）第七十二条第三款的规定，A级项目和涉及两个省份以上项目的《承包许可证》由建设部颁发；B级和C级项目且在一个省份范围内的项目的《承包许可证》由当地省级建设厅颁发。

据59/2015/ND-CP号《议定》第一附件的相应规定，电力领域工程的分级如下：

（1）A级工程。① 电力工业领域，且投资总额在23 000越南盾以上的投资项目；② 电力技术领域，且投资总额在15 000越南盾以上的投资项目。

（2）B级项目。① 电力工业领域，且投资总额在1200亿越南盾以上23 000越南盾以下的投资项目；② 电力技术领域，且投资总额在800亿越南盾以上15 000越南盾以下的投资项目。

（3）C级项目。① 电力工业领域，且投资总额在1200亿越南盾以下的投

资项目；② 电力技术领域，且投资总额在800亿越南盾以下的投资项目。

九、颁发《承包许可证》的流程

越南相应权力机关收到《承包许可证》申请材料后5个工作日内，应对档案进行检查，如需修改、补充的，则应以书面形式一次性通知申请人（外国承包商，下同），以便申请人修改、补充申请档案。

相应权力机关收到合格档案后20个工作日内，应对申请材料进行审核并向申请人颁发《承包许可证》。如申请人未具备获发《承包许可证》相应条件的，相应权力机关应书面通知申请人。

十、获发《承包许可证》后的相关手续、工作

（1）获发《承包许可证》后，外国承包商应在项目所在地成立项目执行办公室，将项目执行办公室的地址、电话、传真、邮箱、印章、账户、税号等内容向当地建设厅或/和建设部进行通报备案。

（2）外国承包商应于每年12月20日前向当地建设厅或/和建设部提交合同履行情况报告。

（3）获取承包商许可的条件：① 为了获得承包商许可，海外建设承包商须中标或被选中；② 能够出具授予承包工程的合同。如对越南招投标的强制性适用没有要求，海外建设承包商须另外证明开展承包工程的充分能力；③ 新法令另外要求海外承包商在建设部和负责建设部门的网站发布其信息；④ 海外建设承包商须与越南承包商建立合作伙伴关系或委托越南分包商。59号法令未规定海外承包商或其当地合作伙伴是否须在合伙关系中持有任何最低限度的份额，也未就分包工程的最低金额定任何条件。然而，如越南承包商无能力参与承包工程的任何部分，上述条件将予免除。关于该等例外情况的实施没有进一步的指引。

（4）申请《承包许可证》。海外建设承包商须向承包商许可颁发机构提交申请材料。该申请材料须包含以越南语书写的以下文件：

1）申请（按建设部发布的格式）。

2）招标结果报告的经认证文本、承包商选择决定或向承包商授予承包工程的法律合同。

3）公司的设立许可和章程之经认证的文本［业务登记证（即属机构），或作为顾问开展经营的许可（如属个人）］和承包商国籍所属国颁发的执业证书。

4）与授予的承包工程相关的经营经验的综合报告和最近 3 年经审计的财务报表（如越南招投标则无须适用）。

5）与越南承包商之间的合伙合同或委托越南分包商开展授予之承包工程的承诺。

6）承包商之法定代表人之外的任何人的法定授权委托书。

（5）颁发《承包许可证》。根据竞标项目的性质和规模，建设承包商许可应由建设部或市/省级建设部门（以下简称“承包商许可颁发机构”）颁发。承包商许可颁发机构将在收到有效申请材料的 15 个工作日内颁发承包商许可。取得承包商许可的颁发需支付 200 万越南盾（近 100 美元）（就承包商建设与咨询许可而言）和 15 万越南盾（近 7 美元）（就建设工程设计执业证书而言）。

（6）登记。海外建设承包商须根据授予的项目工程所在省份的人民委员会规定，在相关部门就合同的履行登记其地址、通信设施、其营业处开立的交易银行账户以及代表人，并向不同的部委（即建设部、警察部、财政部、工贸部、越南国家银行以及建设工程所在省或市的省级人民委员会）报告上述信息。

海外建设承包商还须登记以下信息：① 印章；② 税务；③ 临时进口或出口；④ 进口设备和材料的质量和安全性。

在工程完工后，海外建设承包商须向承包商许可颁发机构告知合同的完成、经营的终止，然后交还其印章。

（7）建设服务的市场准入。根据涉及建设服务的越南入世承诺，对海外投资者的市场准入尚无限制。海外承包商只有在获得国家建设行政机关颁发的建设活动许可后方可在越南开展建设活动。

海外承包须遵守越南法律和越南签署或加入的相关国际条约，从这个意义上讲，海外承包商在越南的某些活动受到限制。

十一、建设工程保险

根据 2014 年《越南建筑法》第 9 条关于投资建设活动中的保险，具体规定如下：

（1）投资建设活动的保险包括：

1）投资建设期中的保险。

2）投资建设咨询业务责任保险。

3）物资、物料、施工设备、劳工保险。

4）第三者责任险。

5）建设工程（建筑物）保修险。

（2）投资建设活动中强制购买保险的责任规定如下：

1）对于影响到公共安全、环境的工程，对技术有特别要求的工程，施工条件复杂的工程，投资业主在建设期必须购买建设工程保险。

2）对于从事二级以上的建设工程的勘察、设计工作的咨询承包商应当购买业务责任险。

3）施工承包商应当为在工地进行施工的劳动者购买保险。

（3）鼓励投资业主、咨询承包商、建设承包商购买除本条第 2 款规定以外的各类保险。

（4）越南中央政府（相当于中国的国务院）规定购买强制险的责任，组织和个人参加保险的条件、费用和最低保额，以及保险企业的义务等实施细则。

十二、建设许可证延期

根据 2014 年《越南建筑法》第 99 条关于建设许可证延期的规定：

（1）在建设许可证规定的开工建设期限届满前，如果工程还未开工建设的，投资业主应当申请建设许可证延期。建设许可证延期申请最多为两次。申请延期的时间每次为 12 个月。建设许可证延期的期限届满而未开工建设的，投资业主应当提交文件申请颁发新的建设许可证。

（2）申请建设许可证延期的文件包括：① 建设许可证延期申请书；② 已获批的建设许可证正本。

（3）对于个别工程、住房项目规定有建设期限并超过建设许可证规定的期限，但是规划未完成的，工程所有权人或工程使用权人可以向国家机关申请建设许可证延期到完成规划时止。工程期限注明在已获批的有期限的建设许可证中。

第五章 电力建设工程计价体系研究

工程计价是按照法律法规及标准规范规定的程序、方法和依据，对工程项目实施建设的各个阶段的工程造价及其构成内容进行预测和估算的行为。本章基于越南工程造价管理现状，在参考相关典型工程案例的基础上，开展电力建设工程计价体系研究。本章节的核心研究内容包括三方面：一是，简要描述越南工程计价体系基本情况，对其工程计价原理进行阐释，并选取典型定额文件进行解析；二是，结合典型工程项目的工程计价活动，明确建设工程项目费用构成，系统梳理工程计价依据文件，开展工程计价方法研究；三是，在简要介绍工程计价信息相关概念的基础上，明确工程计价信息种类和获取途径。本章的章节结构如图 5-1 所示。

第一节 工程计价体系概述

一、工程计价原理

在越南，负责电力行业管理的政府部门机构涉及越南能源总局和 MOIT 等，本书在前文已经对上述部门进行概述，可参考第二章相关内容。越南的工程造价管理由越南国家建设部负责，工程计价模式采取和国内类似的“定额计价”模式。目前，越南无电力工程计价体系，可参考建设工程计价模式。

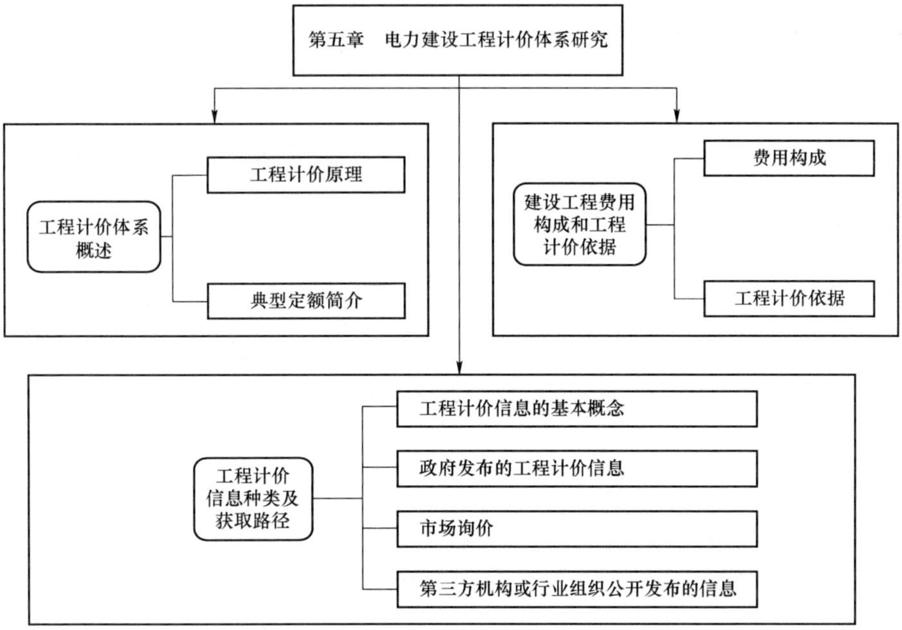

图 5－1　第五章结构

二、典型定额简介

本书将选取越南典型建筑工程和安装工程定额进行简要分析，主要涉及典型定额文件的章节结构、单价构成以及相关使用规定。在此基础上，给出典型定额样例并与国内定额进行简要对比分析，以供读者借鉴和参考。

（一）典型定额样例：建筑部分

本书以越南平顺省人民委员会发布的《平顺省工程建设单价（建筑部分）》为案例进行分析，平顺省是越南东南部的一个省，位于胡志明市以东。平顺省含有 2 市与 8 县，包括：藩切市、罗迤市、绥丰县、北平县、咸顺北县、咸顺南县、咸津县、性灵县、德灵县与富贵岛县。

1. 工程建设单价（建筑部分）的结构

工程建设单价（建筑部分）按工作或建筑结构类别分为十一章，根据越南国家建设部 2005 年 7 月 29 日发布的第 24/QD－BXD 号定额的规定进行编号，最前面为两个字母，随后为五个数字。

具体结构如下：

第一章 AA.11100－AA.32000	建设场地准备工作
第二章 AB.10000－AB.92000	土石砂开挖、回填工作
第三章 AC.10000－AC.30000	打桩、压桩、拔桩、钻孔桩
第四章 AD.11000－AD.80000	筑路工作
第五章 AE.10000－AE.90000	砖石建筑工作
第六章 AF.10000－AF.80000	现场混凝土工作
第七章 AG.10000－AG.50000	制作、安装预制混凝土构件
第八章 AH.10000－AH.30000	制作、安装木构件
第九章 AI.10000－AI.60000	制作、安装钢铁构件
第十章 AK.11000－AK.80000	制作屋顶、天花板和其他完善工作
第十一章 AL.11000－AL.70000	其他工作

工程建设单价（建筑部分）结构示意图如图 5－2 所示。

2. 工程建设单价（建筑部分）的主要内容

工程建设单价（建筑部分）是完成工程的一项工作或建筑结构相对完整的单位工作量所需材料、人工、施工设备等全部直接费用的综合经济技术指标。本书将主要介绍工程建设单价（建筑部分）所包含的费用及其构成，以及单价计算的依据。

（1）工程建设单价（建筑部分）包括的费用说明，主要涉及材料费用、人工费用以及施工设备费用等，下面进行具体简要说明：

1） 材料费用。

材料费用是指为完成一项工作或建筑结构的单位工作量所需主要材料、辅助材料、循环使用材料（模板、脚手架、其他材料）、配件、半成品。

单价中的材料价格不包括增值税。

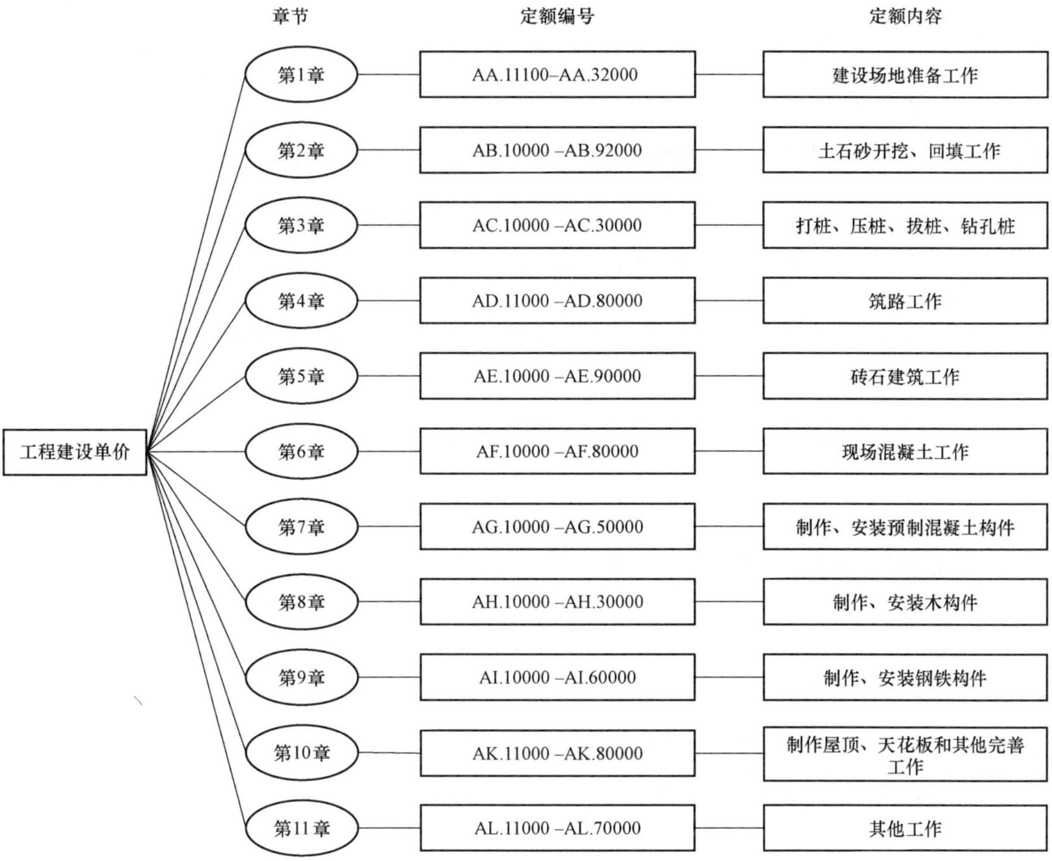

图 5－2　工程建设单价（建筑部分）结构

单价中的材料费用采用越南平顺省单价编制委员会通过的藩切市地区2005年第四季度到现场的材料价格。

未规定的其他辅助材料，暂时采用合理的价格。未计算主要材料费用的建筑工作单价，应在编制预算、进行结算时直接补充主要材料费用。

在实施过程中，如果实际材料价格（不包括增值税）与单价材料价格不同，则可进行调整。

各单位根据建筑价格管理部门公布的各地区、各时段实际材料价格（不包括增值税）和根据定额使用的材料数量，计算出实际材料费用，然后与单价规定的材料费用进行对比，确定材料费用差额，最后直接算入预算中的材料价格。

2）人工费用。

单价中的人工费用包括一个定额工日的基本工资、工资性补助、可直接包给建筑工人的其他费用。工程建设单价（建筑部分）中的人工费用计算如下：

工程建设单价（建筑部分）中的最低工资为 35 万盾/月（根据 2005 年 9 月 15 日第 118/2005/ND－CP 号政府决定），采用（Ⅰ组）建筑生产、经营工人 7 级工资表中的级别（根据 2004 年 12 月 14 日第 205/2004/ND－CP 号政府决定），流动补助为最低工资的 20%，生产不稳定补助、奖金（过年过节，休假）、可直接包给工人的费用分别为基本工资的 10%、12%、4%。

未列入人工费用的其他补助、津贴和优惠政策，可根据建筑预算价值综合表的规定补充入人工费用。

工程建设单价（建筑部分）为Ⅰ类建筑工作——建筑工人工资表的单价。

其他类工程建筑工作规定如下：

Ⅱ类：Ⅰ类工资乘以 1.062。

Ⅲ类：Ⅰ类工资乘以 1.171。

3）施工设备费用。

为完成一项工作或建筑结构的单位工作量而直接使用的各类电动机、柴油机、蒸汽机的机械设备费用（包括施工设备服务设备系统的费用），具体包括：基本折旧费用，大修折旧费用，燃料费用，动力，机器操作、服务人员工资，经常性维修费用以及其他费用。

台班费中的燃料、能源费用计算如下：A90 汽油＝8858 越南盾/L，柴油 DO＝7143 越南盾/L，重油 PO＝4727 越南盾/L，工业用电＝895 越南盾/kWh。

（2）单价计算依据主要有：

1）2005 年 7 月 29 日第 54/2005/QD－BXD 号建设部决定颁布的工程建设单价（建筑部分）。

2）2005 年 4 月 15 日关于台班费编制方法的第 06/2005/TT－BXD 号建设部通知。

3）2005 年 4 月 1 日关于工程投资建设项目费用编制与管理的第 04/2005/

TT－BXD 号建设部通知。

4）2006 年 5 月 22 日关于补充第 02/2005/TT－BXD 号、第 04/2005/TT－BXD 号、第 06/2005/TT－BXD 号通知的第 03/2006/TT－BXD 号建设部通知。

5）2004 年 12 月 14 日关于国家公司工资级别、工资表、工资补助制度系统规定的第 205/2004/ND－CP 号政府决定颁布的Ⅰ类基本建筑工资表（418 页工资类别附录）。

6）2005 年 9 月 15 日调整最低工资的第 118/2005/ND－CP 号政府决定。

7）平顺省单价编制委员会提供的 2005 年第四季度到现场的材料价格表。

3. 工程建设单价（建筑部分）的适用要求

平顺省工程建设单价（建筑部分）是编制、审查、审批投资项目、确定工程建设预算价值的依据，以便编制计算和管理投资资金，确定平顺省国有企业建设工程标的价值。

除上述适用说明外，单价每章都有针对各组、各类建筑工作的技术要求、施工条件、施工方法的具体说明和适用规定。

单价中的高度为从 0.00m 到小于等于 40m、小于等于 16m、小于等于 50m，从 0.00m 到大于 50m。单价中的建筑工作未规定涂、贴、抹的高度，但施工高度小于等于 16m、小于等于 50m、大于 50m 时可采用向高处卸货、运输的单价。

结算已完成建筑工作数量时，投资方和承包商应根据工程建设单价（建筑部分）、建筑价格管理部门公布的材料价格（不包括增值税）、职能部门颁布新规定导致的价格变化等确定实际材料费用差额。

对于定额中未涉及的建筑工作，投资方和建筑承包商应根据技术条件、施工方法、施工条件和预算定额编制方法进行定额编制，并确定招标标的价值。指定承包商的，投资方应通过建设局报请建设部批准、采用有关定额。

对于现行定额系统已有、但不适合工程施工方法、施工条件或技术要求的建筑工作，投资方可会同承包商、设计咨询组织可进行调整，并通过建设局报请建设部批准、采用有关定额。

4. 工程建设单价（建筑部分）实例

本书在本部分将选取《工程建设单价（建筑部分）》中“第一章施工场地准备施工”的“AA.11100－手工伐林准备场地”进行分析。为了方便读者阅读，本书省略了部分内容，仅供展示样例使用，如需使用可自行下载原文件。

定额子项“AA.11100－手工伐林准备场地”的具体样例如下，同时本书给出树林分类表作为参考。

第一章　施工场地准备施工

AA.11100－手工伐林准备场地

工作内容：

（1）伐林，在 30m 范围内运输并堆垛以便下一步运输。

（2）距地面 20cm 锯、砍树木，将树干、树枝锯、砍成截，在 30m 范围内分类堆放好以便下一步运输。

（3）挖树根，将树根锯、砍成截，在 30m 范围内分类堆放好以便下一步运输。

计算单位：越南盾/$100m^2$

编码	单价项目	单位	材料	人工	机械
	伐Ⅰ类树林				
	$100m^2$ 内的标准树木数量				
AA.11111	0 棵	$100m^2$	—	—	—
AA.11112	≤2 棵	$100m^2$	—	—	—
AA.11113	≤3 棵	$100m^2$	—	—	—
	伐Ⅱ类树林				
	$100m^2$ 内的标准树木数量				
AA.11121	0 棵	$100m^2$	—	—	—
AA.11122	≤2 棵	$100m^2$	—	—	—

续表

编码	单价项目	单位	材料	人工	机械
AA.11123	≤3 棵	$100m^2$	—	—	—
AA.11124	≤5 棵	$100m^2$	—	—	—
AA.11125	>5 棵	$100m^2$	—	—	—
	伐Ⅲ类树林				
	$100m^2$ 内的标准树木数量				
AA.11131	0 棵	$100m^2$	—	—	—
AA.11132	2 棵	$100m^2$	—	—	—
AA.11133	≤3 棵	$100m^2$	—	—	—

树林分类表（用于伐树、平整建筑平面）

分类	内容
1	干燥的芦苇、桃金娘滩、丘陵。稀疏有幼树或直径大于、等于 10cm 的树
2	① 幼树林，幼树、攀缘植物占总面积 2/3 以下，每 $100m^2$ 内有 5～25 棵直径 5～10cm 的树，夹杂有直径大于 10cm 的树。 ② 芦苇生长密集的泥泞、水洼平地。 ③ 干燥的红树平地
3	① 已开发的树林，幼树、攀缘植物占总面积 2/3 以上，每 $100m^2$ 内有 30～100 棵直径 5～10cm 的树，夹杂有直径大于 10cm 的树。 ② 干燥的白千层、红树林平地。 ③ 泥泞、洼地、有地表水的红树平地
4	① 实心竹、毛竹、老薄竹林，实心竹、毛竹、老薄竹稠密。稀疏有攀缘植物和直径 5～10cm 的幼树，夹杂有直径大于 10cm 的树。 ② 泥泞、有地表水的红树林平地

注 1. 在距地面 30cm 高测量树木直径。
2. 直径大于 10cm 的树木，换算为标准直径（直径 10～20cm）。

（二）典型定额样例：安装部分

以越南安装工程定额《特种建筑价格在安装和电力工厂中的应用》为例，其主要包括“(代码)”“单价清单”“单位”“费用构成”以及“单价”等 5 部分内容构成。其中，费用构成主要包括“材料”“劳工”以及“机械”。越南安装定额的参考实例如表 5-1 所示。

表 5-1　　越南安装定额的参考实例（节选）

单位：VND（越南盾）

代码	单价清单	单位	费用构成			单价
			材料	劳工	机械	
ND1.1111	地面导轨安装	m	6026	22 376	12 635	41 037
ND1.1112	架空轨道的安装（包括制动部件）	m	6026	44 753	64 265	115 044
ND1.1121	安装起重能力≤10t 的电动葫芦	t	95 732	608 224	25 854	729 810
ND1.1131	山羊起重机的组合安装，起重门起重机≤10t	t	86 167	503 467	659 505	1 249 139
ND1.1141	起重机的组合和安装≤50t	t	86 063	628 103	779 600	1 493 766
ND1.1142	起重机的组合和安装≤100t	t	84 200	586 013	2 367 500	3 037 713
ND1.1151	工业电梯的安装	t	200 152	1 337 589	716 736	2 254 477

第二节　建设工程费用构成和工程计价依据

一、费用构成

越南建设工程费用主要由建设费、设备费、补偿费、项目管理费及不可预见费 5 部分内容组成，如图 5-3 所示。

1. 建设费

建设费由直接费、一般费用、预先确定的应纳税所得额、增值税及临时办公室费用构成。直接费由人工费、材料费、施工机械费和其他直接费构成。一般费用包括为现场施工管理服务的临时房屋建设费用。

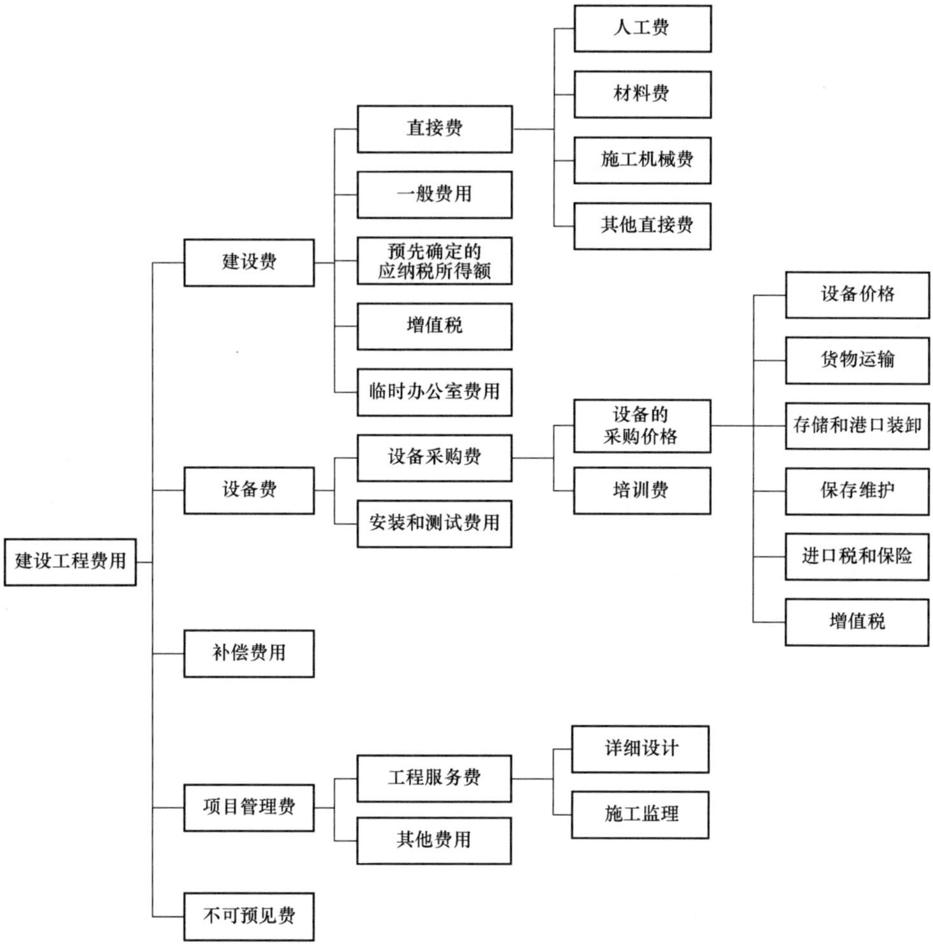

图 5－3 建设工程费用构成示意图

2. 设备费

设备费由设备采购费、安装和测试费用构成。设备采购费包括设备的采购价格和培训费。设备的采购价格由设备价格、货物运输、存储和港口装卸、保存维护、进口税和保险、增值税构成。

3. 补偿费用

补偿费用包括土地、房屋、建筑物、土地附着物、水面上的补偿费用和规定的其他补偿费用；国家退耕还田的扶持；搬迁成本；赔偿、支持、安置的组织费用；建设期土地利用机会成本（如有）；已建基础设施付款（如有）及相关费用。

4. 项目管理费

项目管理费由工程服务费和其他费用组成，包括项目准备、项目执行、竣工、开工等项目管理任务的执行费用。

5. 不可预见费

考虑建设期可能发生的风险因素而导致的建设费用增加的这部分内容。

二、工程计价依据

工程计价依据是指在工程计价活动中，所要依据的与计价内容、计价方法和价格标准相关的内容，越南工程计价依据如表 5–2 所示。

表 5–2　　越南工程计价依据

文件编号	文件名称	日期
通知 04/2005/TT–BXD	《指导工程建设投资项目费用的制定和管理》（Guiding the formulation and management of expenses of investment projects on construction of works）	2005/04/01
法令 No.26/CP	《暂时调整企业工资》（Temporarily Regulating The Salary in Enterprises）	1993/05/23
通知 03/2005/TT–BXD	《基建工程造价估算的调整指南》（Guiding the Adjustment of Cost Estimates of Capital Construction Works）	2005/03/04
通知 16/2005/TT–BXD	《工程造价估算的调整指南》（Guiding the Adjustment of Work Construction Cost Estimates）	2005/10/13
法令 No.16/2005/ND–CP	《论建设工程投资项目的管理》（On Management of Investment Projects on the Construction Works）	2005/02/07
决议 No.24/2005/QD–BXD	《关于发布建设工程概算定额的决定》（Decision on Promulgation of Estimate Norms for Construction Projects–Part of Construction）	2005/07/29
法令 No.118/2005	《调整最低工资水平》（Readjusting the Minimum Wage Level）	2005/09/15

续表

文件编号	文件名称	日期
法令 No.158/2003/ND－CP	《详细介绍了〈增值税法〉的实施情况以及〈增值税法〉若干条款的修改和补充》（Detailing the Implementation of the Value Added Tax Law and the Law Amending and Supplementing a Number of Articles of the Value Added Tax Law）	2003/12/10
法令 No.03/2006/ND－CP	《在越南为外商投资企业、外国机构和组织以及外国个人工作的越南雇员的最低工资规定》（Providing for Provisions on Minimum Wages of Vietnamese Employees Working for Foreign Invested Enterprises，Foreign Agencies and Organizations and Foreign Individuals based in Vietnam）	2006/01/06
法令 No.233－HDBT	《外资企业劳动条例》（Regulations on Labor for Enterprises with Foreign Owned Capital）	1990/06/22
法令 No.204/ND－CP	《公务员、官员和军队的工资制度》（Regarding Salary System for Public Servants，Officials and Military Force）	2004/12/14
法令 No.155/2004/ND－CP	《2002 年 4 月 11 日第 41/2002/ND－CP 号政府令关于重组企业裁员政策若干条款的修改和补充》（Amending and Supplementing a Number of Articles of the Government's Decree No.41/2002/ND－CP of April 11，2002 on Policies towards Laborers Redundant due to the Restructuring Enterprises）	2004/08/10
法令 No.41/2002/ND－CP	《论国有企业改制中的富余劳动力政策》（On Policies towards Laborers Redundant due to the Restructuring of State Enterprises）	2002/4/11

需要读者注意的是，由于本书的编写周期，书中所提及的工程计价依据文件可能无法体现最新的信息，在实际工作中还需要集合最新的文件。此外，在实践工作中需要结合项目的基本情况进行调整。例如，关于最低工资水平的规定。2005 年 9 月 15 日发布的第 118/2005 号法令规定最低工资为每月 350 000 越南盾，而 2006 年 1 月 6 日发布的第 03/2006/ND－CP 号法令规定每月最低 870 000 越南盾。

第三节 工程计价信息种类及获取路径

一、工程计价信息的基本概念

（一）信息

信息是现代社会使用最多、最广和最频繁的词汇，在人类社会的各个方面和各个领域被广泛使用，而且在自然界的生命现象与非生命现象研究中被广泛应用。按照狭义的理解，信息是一种消息、信号、数据或资料；按照广义理解，信息被认为是物质的一种属性，是物质存在方式和运动规律与特点的表现形式。在工程造价管理领域，信息也有它自己的定义。

（二）工程计价信息

工程计价信息是一切有关工程计价的工程特征、状态及其变动的消息的组合。在工程发承包市场和工程建设过程中，工程造价总是不停地运动着、变化着，并呈现出种种不同特征。从广义上讲，所有对工程造价的计价过程起作用的资料都可以称为工程计价信息。最能体现信息动态性变化特征，并且在工程价格的市场机制中起重要作用的工程计价信息主要包括价格信息、工程造价指数和工程造价指标等三类。

工程计价信息是指工程造价管理机构发布的建设工程人工、材料、工程设备、施工机具的价格信息，以及各类工程的造价指数、指标等。大体上来看，越南的电力工程计价信息可分为三类：一是，由政府有关机构定期发布工程计价信息，例如价格信息、价格指数以及劳动单价等；二是，企业采取市场询价的方式获得一手数据资料；三是，参考相关第三方咨询机构或行业组织机构发布的造价数据信息等资料。

二、政府发布的工程计价信息

（一）国家层面发布的消息

越南国家建设部经济研究所（Institute of Construction Economics）的建筑经济部会定期通过相关网站发布相关越南工程计价信息的法律法规和政策文件、越南 64 个典型省市的当地建筑材料价格数据信息、建筑价格指数、建筑工人价格、施工机械台班价格以及其他相关文件（施工单价、施工规范、调整估算的有关说明、运费以及当地土地价格）。本书以越南厚江于 2020 年 2 月发布的建筑材料价格信息为例，如表 5-3 所示。

（二）地方层面发布的消息

本书以越南平顺省人民委员会公开发布的建筑价格材料为例。

根据 2004 年 4 月 25 日越南财政部、建设部《关于通报、监督投资建设领域的建筑材料价格的第 38/2004/TTLT-BTC-BXD 号联合通知》，根据 2004 年 5 月 19 日《平顺省人民委员会关于落实财政部、建设部 2004 年 4 月 25 日第 38/2004/TTLT-BTC-BXD 号联合通知的第 1871/UBBT-XDCB 号》文件，平顺省财政局和建设局现通报 2006 年 9 月的建筑材料价格。本通报中的价格为县城、藩切市区的建筑材料售价。具体来看：

（1）上述通报价格为 2006 年 9 月基本建设单价的上限。结算指定承包的工程或工程项目，单位必须提供财政部发行的合法发票和收据。

（2）结算通报中未涉及，但符合经批准的工程预算种类的零散设备、特殊物资和其他建筑材料时，投资商和承包商必须向结算单位解释清楚购买价格、时间、地点。

（3）材料的建设安装现场价格是指本通报的价格与平顺省人民委员会 2006 年 4 月 14 日第 29/2006-QD-UBND 号和 2006 年 7 月 5 日第 53/2006/QD-UBND 号决定公布的从销售地点到工地的运输价格之和，水泥、钢铁、木材等

表 5-3　　**建筑材料价格表（节选）**

序号	材料名称和规格	单位	单价（不含增值税）								技术标准、规范和注意事项
			地区 1	地区 2	地区 3	地区 4	地区 5	地区 6	地区 7	地区 8	
1. 砌砖，瓷砖类型											
1.1 东潭××股份公司											
	*砖地板（AA 型）										
	DTD1380GOSAN001－FP/002－FP	箱	537 000	537 000	537 000	537 000	537 000	537 000	537 000	537 000	
	DTD5050	箱	405 000	405 000	405 000	405 000	405 000	405 000	405 000	405 000	
	DTD4080	箱	420 000	420 000	420 000	420 000	420 000	420 000	420 000	420 000	
2. 屋顶和屋顶檩条类型											
2.1 ××有限公司											
	0.3×1200（PN）	m^2	67 500	67 500	67 500	67 500	67 500	67 500	67 500	67 500	
	0.35×1200（PN）	m^2	78 500	78 500	78 500	78 500	78 500	78 500	78 500	78 500	
	0.40×1200（PN）	m^2	85 809	85 809	85 809	85 809	85 809	85 809	85 809	85 809	
	0.42×1200（PN）	m^2	91 000	91 000	91 000	91 000	91 000	91 000	91 000	91 000	
	0.45×1200（PN）	m^2	95 000	95 000	95 000	95 000	95 000	95 000	95 000	95 000	
	0.47×1200（PN）	m^2	101 500	101 500	101 500	101 500	101 500	101 500	101 500	101 500	

不易卸车的材料则再加上卸车费用。这些材料的卸车费用计算在通报的价格中。2006 年藩切市区未包括增值税的部分建设材料售价见表 5–4。

表 5–4　藩切市区未包括增值税的部分建设材料售价（2006 年 9 月）

序号	材料名称	计算单位	未包括增值税的价格（越南盾）
一	藩切市场的代理点		
1	制混凝土用黄砂	越南盾/m^3	
2	抹墙用河砂	越南盾/m^3	76 190.48
3	地基砂	越南盾/m^3	33 333.33
4	PC40 河仙水泥	越南盾/吨	981 818.18
5	石板（15cm × 20cm × 25cm）	越南盾/片	2381
6	石板（20cm × 20cm × 40cm）	越南盾/片	2667
7	瓦片，24 块/m^2	越南盾/片	2545
8	V 型钢 30mm × 30mm × 3mm，越南	越南盾/md	9500
9	V 型钢 40mm × 40mm × 3mm，越南	越南盾/md	16 500
10	方钢 12mm × 12mm × 0.8mm，越南	越南盾/md	3400
11	方钢 20mm × 20mm × 1mm，越南	越南盾/md	7800
二	化工原料—油漆—室内装饰材料—各类胶合板		
1	新梅胶合板 4mm，1.22m × 2.44m	越南盾/m^2	27 000
2	胶合板 3mm，1.22m × 2.44m	越南盾/m^2	25 000
3	天清蹲便器	越南盾/套	230 000
4	越南连体坐便器	越南盾/套	600 000
5	挂式泰国洗手盆	越南盾/套	350 000
6	立柱式泰国洗手盆	越南盾/套	335 000
7	中国涂料	越南盾/kg	36 363.64
8	越南涂料	越南盾/kg	25 000
9	进口 5mm 彩色玻璃	越南盾/m^2	90 000
10	5mm 无色玻璃	越南盾/m^2	75 000

三、市场询价

采取市场调研和询价的方式是众多企业获取工程设备材料价格的关键途径，主要包括：一是走访调研当地的市场，获取价格信息；二是在第一种方式的基础上，聘请第三方咨询机构进行市场询价；三是，向当地的分包企业进行价格询问进行设备材料价格信息的获取。

市场询价的资料至少应当包含建材市场及其价格、人工日工资标准、施工台班价格、运输价格、施工用水、用电、副食品价格、汇率等模块。本书未提及材料、机械、人工消耗量的问题，究其原因：一方面，若是援外项目，中华人民共和国商务部对外经济合作局颁发的《援外成套项目概算编制办法》（征求意见稿）中规定了，编制概算时不同项目类型使用相应的系列定额，这也就决定了其消耗量的数量，另一方面，我国的企业在国际型项目大部分是以施工单位或者总承包单位的角色参与，因此企业内部一般有相应的完整企业定额作为参考。为协助读者更了解相关具体询价工作，本书列举了市场询价清单和市场询价一览表（示例）供读者进行参考和借鉴。

（一）市场询价的内容

对项目所在地区范围内的材料、设备、人工、机械、各项税费等价格进行搜集和询价，具体可参考如下内容：

（1）当地已完成的工程的（各类型工程、各阶段的造价数据）。

（2）各类钢材的市场价格，确定是从当地采购还是中国进口。

（3）木材、水泥、混凝土、砖、瓦、灰、砂、石、模板、脚手架等市场价格，确定选用当地或中国进口。

（4）门窗、五金、装饰材料、保温材料等市场价格，确定当地或中国进口。

（5）当地的汽油、柴油等燃料价格。

（6）国际运输及当地运输的集装箱容积、载重标准、价格。

（7）当地各种材料、设备的供应能力、销售价格。

（8）近三年当地材料的增长幅度。

（9）当地物价水平。

（10）国内施工人员与当地用工人员比例，工效比。

（11）当地用工来源，各工种及专业技术人员工资等级、工资标准、平均月工作天数、全年节假日天数。

（12）当地水、电费（包括生活用水用电及施工用水用电价格）收费标准。

（13）当地二类费用取费标准，包括水、电开口费等。

（14）当地币的汇率、贷款利息及近三年的变化情况。

（15）当地对建设工程保险费的收费标准。

（二）市场询价表样例

根据上述询价内容，本书制定了市场询价表，如表 5-5 所示。需要注意的是，具体的询价内容还需要结合项目基本情况。

表 5-5　　　　市场询价一览表（土建类）

名称		单位	类别	价格	供货方式	产地	运费
一	人工单价						
1	当地工人单价（综合）	工日	人工费				
2	国内劳务派遣当地人工单价	工日	人工费				
3	当地工人单价（普工）	工日	人工费				
二	材料单价						
	砂石料及气体类						
1	白灰	kg	材料费				
2	白灰膏	m^3	材料费				
3	白水泥	kg	材料费				
三	钢筋型材类						
1	钢筋	t	材料费				

四、第三方机构或行业组织公开发布的信息

（一）第三方咨询机构的出版物

比如大多数测量师行、第三方咨询公司（如凯迪思公司 ARCADIS）和一些大型的工程承包商（如鲍维斯林德 Bovis Lend Lease）都会收集并发布造价信息，并建立企业自身的价格信息库，这是企业投标报价的重要依据。承包企业的信息一般供公司内部使用，不对外公布，并作为企业的重要机密严格保密。此外，第三方咨询机构的信息同时向社会有偿提供工程造价信息服务。这些信息大都以市场价格为基础，并贴近于工程实际，是准确确定工程造价的基础。

以凯迪思公司为例，该公司每年度会发布《建设工程造价手册（Construction Cost Handbook）》，侧重于亚洲主要城市的建筑工程造价及成本概况。《建设工程造价手册（Construction Cost Handbook）》主要包括建设项目造价数据（CONSTRUCTION COST DATA）、一般建筑数据（GENERAL CONSTRUCTION DATA）、物业投资（PROPERTY INVESTMENT）、商业环境（BUSINESS ENVIRONMENT）及其他信息（OTHER INFORMATION）。

（二）专业团体或机构的出版物

以 Langdon＆Seah 公司为例，作为一家亚洲国际建筑咨询公司，在 13 个国家独立经营，拥有 39 个办事处，员工资源近 3000 人。Langdon＆Seah 发布的《SPON'S ASIA PACIFIC CONSTRUCTION COSTS HANDBOOK》，里面涵盖关于建筑业（The construction industry）概况、建筑业产值（Construction output）、行业结构和特点（Characteristics and structure of the industry）、客户和财务（Clients and finance）、劳动力价格（Cost of labour）、材料价格（Cost of materials）、近似估算（Approximate estimating）、开发控制和标准（Development control and standards）以及建筑造价数据（Construction cost data）等内容。

第六章 电力投资风险与应对策略

本章节的核心研究内容包括三方面：一是，从投资吸引力、投资管理方式入手分析越南电力投资重点与方式；二是，识别电力工程投资造价风险因素，构建风险因素清单；三是，提出电力工程投资造价风险因素的应对策略。本章的章节结构如图 6-1 所示。

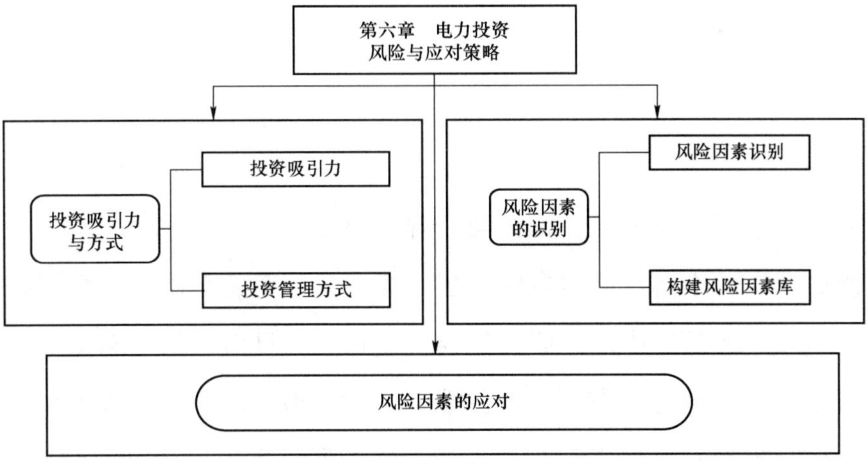

图 6-1　第六章结构

第一节 投资吸引力与方式

一、投资吸引力

越南的投资环境优越，在自然资源、基础设施、人工成本以及对外开放程度等方面具有一定的优势。越南吸引外资的优势：一是政局稳定，经济发展较快，越南共产党和政府能力较强，政策具有连续性，注重经济建设；二是劳动力成本处于较低水平；三是地理位置优越，海岸线长达 3260km，港口众多，运输便利；四是越南投资法较为开放、完善，为外国投资者提供了较为全面的基础法律保障和较大力度的优惠政策；五是对外开放程度较高，目前越南已经签署或正在推进 17 项自贸协定；此外，越南的基础设施需求大。对此，本书着重从自然资源、基础设施、人工成本、对外开放程度及依赖外贸程度等 5 个方面来着重分析越南投资吸引力。

（一）自然资源丰富

由于越南地处热带地区，光照充足，雨量充沛，特别适合粮食作物和经济作物的生长，水稻一年两熟，南方可一年三熟。

越南矿产资源丰富，种类多样。越南煤炭类、普通金属、轻金属、贵金属等已探明储量远远超过中国，估计储量更是惊人。目前，越南勘探到的矿藏大部分靠近主要公路或是紧邻已发现的矿区，对 200m 以下的矿藏很少勘测。越南丰富的矿藏资源和自然资源对于工业生产的发展有着极为重要的作用，能够有效降低越南经济发展的成本，提高企业的竞争力。

（二）基础设施较完善

越南由于其独特的地理位置优势，拥有众多的港口海港，对发展对外贸易起到了良好的促进作用。目前，越南在建和拟建的高速公路 40 多条，全长 6313km。越南铁路总里程 2600km，以米轨（轨距为 1m 的窄轨铁路）为主（2160km，占总长的 83.18%），共七条干线，其中河内至胡志明市统一线全长 1726km，经过三次提速全线行程约 29 个 h。

内河运输的货运量和客运量仅次于公路运输，居第二位，有 23 个主要的内河装卸码头和若干小码头，年吞吐量约 700 万 t，主要港口在胡志明、河内、河北、越池、宁平、和平等省市。大规模基础设施建设的需求为投资创造了机会。

（三）人工成本相对较低

越南是亚洲劳动力成本较低的国家之一，至今越南政府规定的最低工资标准仍然没有超过 1200 元人民币/月。越南有受过良好教育的员工，年轻、精通数字技术的员工队伍不断壮大。并且，越南正处在黄金人口结构期，25 岁以下的人口占总人口的 40%。智能手机的使用率也高达 26%。

（四）坚持对外开放

1986 年以来，越南坚持革新开放，以发展经济为重心，加快融入世界经济。特别是在 2007 年 1 月加入世界贸易组织后，越南给予外资企业国民待遇，大力完善国内法律法规，力求与国际接轨。为加大吸引外资力度，越南第五次修订《投资法》，并于 2015 年 7 月 1 日起正式生效。2016 年 11 月 22 日，越南国会通过《关于〈投资法〉附条件投资经营行业 4 号目录的修订草案》，决定：自 2017 年 1 月 1 日起正式取消 20 项业务的投资经营限制条件，国内市场进一步开放，营商环境不断改善。越南实行对外开放政策，加强了越南经济与全球经济的融合性。

（五）严重依赖外贸

越南是一个严重依赖贸易的经济体。瑞士经济分析局全球化指数显示，

2014 年开始越南全球化程度超越世界平均水平，2015 年越南实际全球化指数达到 62%，而世界平均水平为 56.63%。其中，贸易全球化指数从 1992 年起一直远高于世界平均水平，2015 年达到了 64.91%。除了稳定的政策，稳定的社会和政治环境外，政府承诺为外国投资者提供公平的、有吸引力的商业环境。

越南政府大量建设工业园区，吸纳外资企业。截至 2018 年年底，越南共计设立工业园区项目达 320 多个，目前已经有超过半数开始投入使用。引进的投资项目达到了 1.5 万个，吸纳投资资金总额高达 1800 亿美元。已经有耐克、富士康、佳能、LG 等公司入驻越南，开设工厂。值得注意的是，其中有许多企业，正是从中国市场撤走之后来到越南的。园区所在的海防市是越南第三大城市，距离中国边境口岸仅 230km，同时也是越南北部最大的深水港和物业中心。

在越南的各类工业或经济合作园区内，企业可以享受的优惠政策主要是：建设厂房的土地出让金视不同情况为 75～90 美元/m^2，土地出让期限为 50 年。生产的出口品免税；用于生产出口产品的原料、辅助材料以及越南不能生产的专用设备免征进口关税；增值税为零；企业所得税基本税率为 20%，外商投资企业的所得税享受“四免九减半”或“两免四减半”优惠政策；雇佣员工 3000 人以上、投资额超过 3000 万美元以上的企业还有其他的税收优惠政策。

2018 年 12 月 30 日，由越南参加的《跨太平洋伙伴关系全面进展协定》正式生效，它将创造覆盖 5 亿人，GDP 总和超过 13.5 万亿美元，占全球 GDP 13%的庞大市场；将逐步取消 98%的农业和工业产品关税，放宽对投资的相关限制，进一步加强知识产权保护。

二、投资管理方式

根据越南《投资法》，外国投资者可选择投资领域、投资形式、融资渠道、投资地点和规模、投资伙伴及投资项目活动期限。外国投资者可登记注册经营一个或多个行业；根据法律规定成立企业；自主决定已登记注册的投资经营活动。

（一）直接投资

直接投资方式包括：外商独资企业；成立与当地投资商合资的企业；按"建设—拥有—经营"（Building–Owning–Operation，BOO）模式、"建设—经营—转让"（Build–Operate–Transfer，BOT）模式、"建设—移交—运营"（Build–Transfer–Operate，BTO）模式和"建设—移交"模式方式进行投资；通过购买股份或融资方式参与投资活动管理；通过合并、并购当地企业的方式投资；其他直接投资方式。

（二）间接投资

间接投资方式包括：购买股份、股票、债券和其他有价证券；通过证券投资基金进行投资；通过其他中介金融机构进行投资；通过对当地企业和个人的股份、股票、债券和其他有价证券进行买卖的方式投资。间接投资的手续根据证券法和其他相关法律的规定办理。从 2015 年 9 月份开始外资可以 100%持有越南企业股份（银行业依旧维持 30%的外资持股上限）。

（三）外资并购

越南政府计划在 2016～2020 年间完成 137 家国有企业的股份制改革，包括银行、航空、通信、造船、汽车、电力、水泥、交通等重要行业，鼓励外商参与，允许外商购买股份和参与管理，仅保留 103 家国有全资企业（未包括农林业、国防、安全等领域企业）。外商可通过购买上市企业的股票，或购买股份制企业的股权等方式进行并购。

外资并购登记材料包括：企业并购书面申请（含并购及被并企业的名称、地址及法人代表信息、企业并购活动简况）、被并购企业董事会及企业所有者关于出售企业的决定、并购合同、合并后企业的规章草案、外资法律资格的确认书。提交上述材料一式两份，办理手续者需提供介绍信或居民身份证、护照，越南主管职能部门确认材料合规后，将在 15 个工作日内予以反馈。

在进行并购时，尤其要注意所在国的法律问题，越南尚未出台专门针对国外收并购及合并程序和原则的法律，对有关收并购及合并行为的规定笼统分布在以下领域法律及规定中。

（1）《越南民事法》第94、95条规定：同类企业间按规定通过协商或国家相关职能部门审批合并或兼并，其权利和义务随之转移至合并或兼并后的企业。

（2）《越南企业法》第152、153条对企业兼并规定：一家或多家同类企业可按相关程序兼并或合并至第三家企业，其合法权益随之转移至兼并或合并后企业；如兼并或合并后的市场占有份额达到30%～50%，需书面报告竞争管理局；禁止市场占有份额超过50%的兼并和合并行为；第145条对私人企业出售规定：私人企业可以出售，买方企业需履行重新注册义务；卖方企业需履行所有出售前的责任和义务；出售和购买行为都不能损害劳动者权益。

（3）《越南投资法》第21条规定外国投资者可通过合并、并购当地企业方式进行直接投资。

（4）《越南竞争法》第17条定义合并与并购企业是一种经营者集中行为，法律禁止占有50%以上市场份额的合并、并购行为。

（5）《越南证券法》规定，证券公司并购须获得国家证券委员会的批准。

（6）越南政府总理在有关外国投资者注资、购买越企股份第88/2009/QD－TTg号规定中明确：外国投资者可通过证券交易市场购买股票（上限为49%）或参与招投标、竞价等方式注资或购买越南企业股权，比例由出售方根据国家行业相关规定决定；商业、服务行业注资或购买股权比例按越南所参与的国际公约相关约定；购买越南国有企业股权比例不能超出具体行业所设置的外国持股比例上限。

（7）越南政府总理有关外国投资者在越南证券市场持股比例的第55/2009/QD－TTg号规定明确：外国投资者在证券交易市场限制持股比例最高为49%，具体行业另有规定除外。

（四）BOT 方式

越南《投资法》第 21 条规定外国投资者可通过 BCC、BOT、BTO 及 BT 合同方式进行直接投资；越南政府总理第 108/2009/ND－CP 号决议和第 24/2011/ND－CP 补充决议对 BOT、BTO 及 BT 合同方式投资作明确规定：合作领域包括公路及公路桥梁、隧道；铁路、铁路桥梁、隧道；航空港、海港与河港；饮用水供应系统、排水系统、垃圾和污水回收处理系统；电站及输送电；国家医疗、教育、职业培训、文化体育及国家机关办公等基础设施项目；政府总理规定的其他基础设施项目。政府通过招投标方式确定投资方，特殊情况，如仅一家参与投标或项目急需短期内完成等特殊情况将由政府或各地方政府提请直接指定投资方。

在越南开展 BOT 合作的公司主要来自日本、韩国、美国、马来西亚，合作项目集中在热电厂建设、道路交通及城市基础设施建设。

关于 BOT 工程进度，根据越南工贸部第 43/2016/TT－BCT 号公告，如果有关 BOT 工程进度未能按照投资者与工贸部签署的备忘录规定期限实施，工贸部将建议有关机构撤销工程开发权。

越南政府总理 2015 年 2 月签署的《关于按照公私伙伴形式投资的议定》（15/2015/ND－CP 号）规定 PPP 可投资建筑、改造、运营、经营和基础设施工程管理等，具体包括：交通运输基础设施工程及有关服务；照明系统、供水系统、排水系统、污水回收处理系统、居民住房、安置工程、墓地；电厂、电网；医疗、教育、培训、技术传授、文化、体育及有关服务的基础设施项目；国家机关办公楼；贸易、科技、气象水文、经济区、工业区、高科技工业区、通信技术聚集区、通信技术应用等基础设施项目；农业、农村基础设施项目及生产与加工、销售相结合的项目；政府总理批准的其他项目。

第二节　电力工程投资风险因素的识别

一、政治风险

政治风险是由于东道国政局变化，或对外政治关系的变化，其采取的政治性措施等使投资环境恶化，进而使外国投资者蒙受损失或实际收入偏离预期的可能性。一般政治风险难以预计，一旦出现外国投资者损失往往重大。中国企业对越南投资的政治风险主要包括三个方面。

（一）政治制度风险

如政策倾向、政府腐败、政权交替等，东道国国内政治制度风险往往来源于东道国国内，外资企业对于其存在的政治制度风险难以把控，因此一旦政治制度风险产生，外资企业在很短的时间内难以采取行之有效的对策。所以对于中国企业而言，越南国内政治制度风险是其在越南投资的主要风险类型之一。

（二）政府违约风险

外商在东道国投资的过程中，往往会面临政府违约风险，也就是东道国政府运用自己的职权，解除或者不履行协议签订的职责，从而对跨国公司造成损失的行为。常见的政府违约风险包括提前违约、不履行约定的违约和未按约定履行的违约三种类型，其中任何一种违约都会对在越南投资的中国企业带来损失。引起政府违约风险的因素主要是政府财政赤字较大、经济发展放缓以及国际收支恶化等，2008 年以来，受到金融危机影响，越南经济增长幅度放缓，2008～2017 年十年间越南 GDP 平均增幅为 6.06%，同其他东南亚国家老挝（6.9%）相比较低，同中国（6.9%）相比也比较低。因此 2008 年以来，越南政府违约现象时有发生。但是自从 2016 年越南“十四大”召开，以及新一届越共政府领导层的产生，越南国内局面稳定，财政政策灵活性较强，国内经济增长潜力大。近年来越南外汇储备上升，经济呈现出良好的发展趋势，因此在 2017 年 4 月联合评级决定给予越南外币信用 A－的级别，评级展望为稳定。2018 年 7 月世界权威信用评级惠誉国际（Fitch Ratings）将越南的长期信用评级从“BB－”提升为“BB”，可见近年来越南政府违约风险较小。尽管如此，由于此类风险的特殊性，我们仍然不能忽视。

（三）政策变化风险

东道国政策的稳定性能够很大程度上吸引外商投资，但是由于内部因素和外部因素的共同作用，很容易使外商投资相关的法律产生变化，越南政策变化风险主要包括政策修改带来的风险、政策废除带来的风险及政策变更带来的风险。随着国内经济的不断发展，以及与世界其他国家经济文化交流的进一步加强，越南的法律政策方面逐渐完善，但是随着世界经济格局的不断变化以及越南产业升级和改革要求的变化，越南自从颁布《投资法》以来就进行了多次修改，有些内容修改前后差别非常大，甚至前后矛盾，例如在外资投资方式法律规定方面，2005 年《投资法》第十章对于外商投资的持股比例有明确限制，但是在 2015 年修改过的《投资法》第七章内容中却取消了对外商投资持股的限制；同时在投资管理法律方面，2005 年规定对企业的投资要求为必须取得许可证的，但是在 2015 年修改后明确规定无需取得许可证。

二、文化风险

中国和越南尽管在文化方面有一些相似之处，但是从根本上来看，两国的社会文化之间的差别很大，中国企业在越南的投资，不仅仅是资本的流动，同时还是不同文化之间的交流、融合，中国员工同越南员工之间、中国文化同越南文化之间的不断摩擦，才能最终实现更好地融合。

三、法律风险

（一）法律体系还不完善

虽然越南政府在法制建设上取得了一定的成绩，但是由于越南的法律体系依旧不健全，市场经济的法治经验不足，越南的整体投资法律制度依旧存在着不少的问题，对于大型基础设施项目投资，越南政府对外国企业投资政策尚不完善，政策缺乏系统性、透明性、稳定性，从而阻碍了投资方的投资进程。

（二）中越法律冲突

外国企业到越南投资必须要遵守越南的法律法规，这一点对于跨国企业来说是至关重要的。中国企业到越南投资，除了受到越南国内法律的保护，同样也受中越两国双边协定和国际社会多边协定的保护。但是由于越南社会的法制环境不够完善和经济发展水平较低，越南本国法律与政府间双边协定和国际社会多边协定的冲突是在所难免的。因此，越南政府如何在本国法律与双边协定及多边协定冲突时，公平合法的处理纠纷，保护外国投资者的合法权益，就显得至关重要了。从目前越南政府出台的相关法律法规来看，越南政府并没有明确的法律规定来规范可能会出现的法律冲突。这种情况就直接导致了在越南市场上的外资企业可能会面临无法依照国际法规则保护自己合法权益的法律风险。如何预防这类法律风险值得每个外资企业高度关注。

中国和越南的政治制度虽有相同之处，但是由于中越两国的经济发展水平存在较大的差异，直接导致了两国的法律制度会存在不同，对于同样的一个法律事实或者法律行为，通过两个不同的国家法律来判断就会得出不同的两个结果，更为严重的是，这两个结果很可能是冲突的。所以两国法律的不同之处就应该是中国投资者到越南投资所必须关注的重点，在和越南方面签合同时，一定要重视两国法律的不同规定，在对越投资经营的过程中一定要避免出现触犯越南法律的行为。

中国企业在进行投资之前应该做好充分的准备工作，特别是对项目中可能涉及的两国法律冲突，要做全面的调查，要有专门部门出具投资项目的经营性报告和可行性研究报告，绝对禁止企业的盲目投资，尽量避免遭受因法律冲突给企业经营带来不可估量的损失。

总的来说，中国企业在越南的投资规模年年都在快速增长，中国企业的投资是否能得到妥善保护是每个企业都最为担心的问题，而越南的法制环境与发达国家之间还存在一定的差距，中国企业在投资过程中难免会出现一定的法律风险。

四、投资风险

越南总体投资环境目前相对比较宽松，且政府在吸引外资方面给予各种政策法律、税收、外汇等方面的优惠，不过中国企业在向越南投资时，还是应该秉持谨慎态度，注意以下几方面的风险，尽量提前做好准备以避免不必要的损失。

（一）营商环境有待改善

整体而言，越南的营商环境存在改进的空间。根据世界银行 2017 年营商环境报告，越南的营商环境在 190 个国家和地区中排名第 82 位，居于全球中等水平。具体而言，越南在办理施工许可证、财产登记、信贷调查等方面表现较为良好，但在获得电力、小股东权益保护、税务等方面表现较为一般。不过公司注册方面较 2015 年有一定改善，平均需要经过 9 道程序，耗时达到 24 天，较 2015 年少了 10 天，成本约为单位收益的 4.6%，在全世界 190 个国家和地区中排名第 121 位。

（二）政策调整频繁导致投资环境不稳定

随着越南加入世贸组织以及中国—东盟自由贸易区的建立，为了履行相关承诺，越南需要不断地修订法律法规、不断地调整政策，越南政府相继颁布了各种法律法规，出台政策文件，以实现法律对接。如前面提到的越南《宪法》的修订，2014 年通过的越南《投资法》和《公司法》，再如越南 100/2015/QH13 号《越南刑法典》的修订，规定了投资者逃避为劳动者购买社会保险、医疗保险、失业保险罪，将被处以高额罚金，目前正在讨论热议的《税法》方面的修订等。频繁的政策调整使越南的投资环境处于不稳定状态，给中国企业做出正确的投资决策带来了较大的难度。

越南国会 11 月 22 日通过了《关于修改和补充〈投资法〉第 6 条和附录 4 附条件经营的业务清单》的法案并于 2017 年 1 月 1 日生效，调整后，附条件经营的业务合计为 226 项，比附录 4 附条件经营的业务清单减少 41 项。其中的汽车制造、组装和进口业务备受关注，而关于伪装设备和记录图像、声音和导航软件贸易以及汽车生产、装配和进口的有关规定于 2017 年 7 月 1 日生效。

（三）东道国政府违约导致的风险

越南经济发展水平较低，市场运行缺乏规范，加之银行资本金有限，外汇储备水平低，造成信用机制脆弱。目前越南处于经济快速发展时期，其对外资的需要是巨大的，地方政府为了吸引更多的投资，往往许诺给外商投资企业优惠的条件，如便宜的土地价格、宽松的环保要求、减免或者返还税款等。然而，这些“土政策”往往违反了其国家法律的规定，或者超越了地方政府应有的权限，如果我国企业盲目听信，很容易步入陷阱。一旦投资到位，开始产出效益，当地政府往往以各种名义取消当初的优惠政策，或是在政府领导变更后，新官不理旧账，以种种理由对上一届领导给出的承诺不予认可，优惠政策的取消使得我方投资效益减少。

（四）各地政府提供的优惠条件差异较大且有时无法兑现

为了促进经济发展，越南中央政府正陆续下放一些外资项目的审批权限，使得地方政府权力日渐增加，导致越南各地政府为中国企业提供的优惠条件可能有较大差别，如在土地使用费率、税收及产业政策方面都会有较大区别。此外，一些地方政府片面追求外商投资项目的经济利益，有时会作出无法实现的承诺，也相应地增加了中国企业在越南的投资风险。

（五）投资成本高于预期

由于越南通过立法加大了劳动力和环境等的保护力度，因此在一定程度上提高了投资成本。此外，越南土地及水、电、气、煤的成本也高于企业预期。已入驻越南的中国企业普遍认为，目前越南各工业园区的土地以及水、电、气、煤成本均高于他们当初进驻越南的预期。

（六）隐名投资的法律风险

遵守外资准入产业政策是外商投资的一项基本原则。各国都有禁止或限制外资涉足的领域，如越南将自然资源的考察、寻找、勘探、开采作为限制投资领域。在实践中，有的中方企业为达到规避投资东道国对外商投资企业的限制，往往采取隐名投资的方式进行投资，即在东道国寻找代理人并与其签订协议，约定资金、技术完全来源于中方实际投资人（隐名股东），但以东道国代理人（显名股东）的名义进行公司注册。隐名投资风险是很大的，主要体现在：① 由于东道国法律规定股东身份采取登记制，故在实践中经常发生显名股东在公司盈利后见利忘义，假戏真做，使隐名股东失去对公司的实际控制。② 隐名股东与显名股东之间的协议有可能因违反东道国强制性法律规定被司法机关认定无效。

五、工程承包风险

对东道国工程技术标准和规范不了解，也未对工程项目从技术、法律、财务等方面开展充分的尽职调查，导致风险和成本超过预期。如东南亚国家往往基础设施条件较差，劳动力也不像中国那么容易找或在技能和素质方面达不到期望的程度，导致需要的工人不能及时到位；再有就是某些手续未能及时办理，导致违规或非法作业，存在较大风险隐患。如涉及相关树木的砍伐未能及时办下采伐证，导致承包商为赶工期而违法采伐，从而存在遭受行政处罚甚至承担刑事责任的法律风险。

由于越方企业资信参差不齐，在工程承包或分包时，公司缺乏对业主、分包商的资信情况的充分调查，对项目业主的资金支付能力或分包商的经验、资信不够了解，对方可能因融资困难、拖欠货款和工程款而导致违约的几率大大增加，导致我方被动，并遭受损失。

部分工程承包项目现场周边环境较复杂，自然条件恶劣，基础设施落后，实施工程的难度和成本远较预期大，或偷盗和抢劫事件时有发生，可能导致资产监管和人身安全的保护成本加大，且工期延误等。

六、贸易风险

（一）在进出口方面存在较多限制，存在不稳定性

根据越南法律法规，限制进口及限制出口名录都有明确的法律规定，但是仍然不能排除越南政府在特殊情况下，基于国家安全、公共利益，对限制目录进行适当修改，为投资者带来了较大风险。

（二）货币贬值

根据越南的法律法规，越南盾实行的是“管理浮动汇率制”，越南的货币当局会按照越南的经济利益需要，不时地干预外汇市场，以使越南货币汇率升降朝有利于越南的方向发展。近年来，越南为了刺激外商投资热情、促进经济增长、迅速扩大对外出口规模，越南央行实行逐渐贬值的货币政策。

2015 年越南央行三次主动采取了让越南盾贬值的措施，紧接着在 2016 年 1 月，越南央行宣布将越南盾兑美元的基准汇率下调 1%，即 1 美元兑 21 458 越南盾，其当时发表声明称，为落实 2017 年经济发展计划，其有责任采取灵活的、现实的货币政策，大力控制通货膨胀，确保越南宏观经济稳定。在 2016 年 5 月，第一次基准汇率下降后的第 4 个月，越南央行再度贬值越南盾，引起

越南外汇市场及越南外商投资者一系列的担心及控制发展规模等连锁反应，并对中国企业出口产生了一定负面影响。

（三）对知识产权的保护力度不足可能导致相关知识产权得不到有效保护

尽管越南《知识产权法》已于 2006 年开始实施，但越南政府在知识产权方面的保护力度仍然较弱。由于在越南注册商标的程序相对简单，而商标侵权案件不断增多，虽然越南知识产权当局积极协同国外专利或商标代理机构共同加强对知识产权的保护，但由于越南政府保护知识产权的相关经验、对侵犯知识产权案件的执行力度严重不够，知识产权领域目前未能得到预期有效的保护。

七、财税风险

（一）税务负担偏重

越南主要税种包括个人所得税、企业所得税、增值税和特别销售税等，整体税负略高于地区平均水平。2016 年，越南税收法律规定，除了个别的特殊行业之外，越南国内企业所得税税率下调至 20%，但是外国企业在资金转让过程中获得的利润，则需要缴纳 25%的企业所得税。从企业所得税征收的比例来看，企业所得税税率高于文莱、新加坡、柬埔寨、缅甸等国家，低于老挝和菲律宾。从增值税来看，在越南境内生产、贸易和消费的商品和服务增加值需缴纳增值税，标准税率为 5%和 10%，加工制造业出口的产品和服务免征增值税。与东南亚其他国家对比可知，文莱、缅甸、马来西亚三国无增值税，新加坡、泰国增值税为 7%，只有菲律宾为 12%，高于越南，可见越南增值税税率在东南亚国家中较高。

对于外国投资者来说，越南的税制相对简单，但透明度不足，税率较高，纳税手续繁杂，税务管理有待加强。根据 2017 年世界银行营商环境指南提供的数据，越南在税收方面排在全球 190 个国家和地区的第 167 位，处于下游水平。

（二）税收政策易变

税收政策的调整尤其频繁。越南税收体系是以宪法为基础，由各单行法构建的，越南政府各部门也会根据相关政策制定各类有关税收的文件，税收优惠政策也常常发生调整，有很多与税收有关的基本问题没有具体法律予以规定。越南缺乏具体的相关税收法律执行细则，税收法律多为一些原则性规定，关于税收法律如何具体执行的法律规定较少。缺乏监督税收执法部门的相关法律规定，相关税收部门执法时的自由裁判权过大，外资企业的合法权益难以得到依法保护。而在关税方面，自从越南加入世贸组织、中国—东盟自由贸易区后，越南关税需要根据越南政府的有关承诺不断调整，包括进出口税、增值税等，如近期越南拟修改的增值税法、特别消费税法、企业所得税法等，都需要企业密切关注动向。

八、劳工风险

（一）劳动力成本逐年上涨

普通工人平均工资约为每月 250 美元，每年的增长速度为 10%；此外，越南员工工作效率也相对较低，中国企业需要付出的生产时间较长。此外，越南政府较为重视外资企业带来的环境污染问题，引进外资门槛逐渐提高以及大批国际企业的强势进驻，导致劳动力价格上升幅度较大。

（二）违反劳动力限制的风险

在对越南的工程承包中，中方企业一般都认为东道国劳工比较懒惰，故乐于使用中国劳工，不愿意使用东道国劳工。但越南对在建过程中外籍劳工的雇佣比例是有限制的，如果超过比例会被处以罚款。还有些中国企业在外派劳务时，不遵守相关法律，没有通过正规途径办理护照及签证手续，由于无相关出入境手续，不能在当地办理居留证等合法居留、就业的证件，被东道国劳动、警察部门发现后，往往面临被处罚和驱逐出境的风险。

（三）罢工风险

我国曾有中标越南水利项目的公司，因过多使用我国劳工，使用当地雇工的人数达不到越南法律要求，引发当地工会组织的不满，该项目多次出现工人罢工事件，严重影响了工程进度，使工程不能按时完工。而罢工在越南是合法的，特别是越南工会的力量比较强大，针对中资企业的罢工、停工事件时有发生，这不仅有中资企业内部管理、员工待遇的原因，也与越南人对中国人的感情比较复杂有关，更直接的原因是中国投资者没有严格执行越南的劳动法律制度。

（四）违反《劳动法》遭受刑事处罚的风险

违反为外籍员工购买强制社会保险、失业保险而遭受较为严厉的刑事处罚。

以结婚、怀孕为由违法解雇劳动者的刑事处罚风险。

（五）出入境风险

近些年时常发生中方人员从越南离境时，因携带超过越南海关规定限额的美元而被处罚的案件。对于个人已向口岸海关申报出境所携带外币、越南盾现金数额超过规定或最近一次入境时带入的数额超过规定的，必须向口岸海关出示合法信用组织出具的携带外币现金确认证明。

九、争议风险

（一）法律法规系统不够完善且执行力度不高

虽然越南政府已制定了关于促进外商投资的法律法规，但是其法律体系却仍在不断完善过程中。同时，由于越南政府缺乏经验，法律土壤相对缺少，目前仍有很多领域处于无法律可依的状态。此外，越南政府的法律、法规在执行方面比较宽松、弹性大，法律、政策透明度较低，优惠政策常常存在无法及时兑现的情况。另外，越南的行政效率也比较低，腐败事件时有发生。

（二）国际仲裁存在不确定性

投资争议主要通过越南国内司法救济途径解决，国际仲裁在越南的执行力也存在很大的不确定性。根据越南《投资法》第 14 条的规定，外国投资者与本国其他投资者的纠纷一般情况只能采用在越南国内进行诉讼或仲裁来解决投资纠纷。但如果符合第 23 条第 1 款的规定，即外资比例达到或超过 51%时可采用外国仲裁机构或国际仲裁机构仲裁，由双方组建的仲裁庭仲裁解决。而外国投资者与投资主管机构之间的纠纷，一般也只能采用在越南国内诉讼或仲裁的方式，除非越南参与签订的国际条约另有规定。

由此可见，在越南，国内仲裁和诉讼仍然是解决投资纠纷的最主要方式，而即使外资比例超过 51%，双方在合同中也约定了在国外仲裁，还面临国外仲裁或国际仲裁裁决能否顺利得到越南国内司法机构的承认和执行。如果外国仲裁或国际仲裁裁决的结果被越南法院认为违反本国法律的基本原则或公共利益，则很可能被认定为不具有执行力，从而导致投资者在国外的仲裁裁决得不到落实。

（三）合同执行成本较低

越南的合同执行成本较低，破产处置成本较高。根据 2017 年世界银行营商环境指南提供的数据，越南的合同执行效率在世界 190 个国家和地区中排名第 69 位，高于东亚及太平洋地区的平均水平。不过越南的破产处置成本则相对较高，全球排名第 125 位，平均投资回收率为投资总额的 21.6%。

第三节 电力工程投资造价风险的应对策略

一、政治风险的应对

（一）购买相关保险

政治风险在中国企业对越南直接投资的过程中，是影响最大的风险因素，同时也是无法把控的因素之一。因此由于动乱、罢工等政治因素的发生，给企业带来不可避免的巨大损失，甚至是破产。从已有的企业对外直接投资规避政治风险的对策来看，投资保险已经成为多数企业的选择，2018 年 4 月，越南广宁省芒街市发生反华事件，导致中国天虹集团直接损失 2 亿元人民币，十几亿元的企业财产受到了威胁。但是由于企业在之前购买了投资保险，因此在此次事件中天虹集团的损失有一部分被保险企业承担，大大降低了天虹集团在政治风险中的损失。因此对于在越南投资的中国企业而言，为了防止和避免由于政治风险事件导致企业的利益蒙受巨大的损失，可以购买相关的投资保险。让保险公司与投资企业共同承担风险。

目前在中国的保险公司中已经有很多比较大的保险公司拥有风险管理的业务，如中国信用保险公司，明确规定如果投保，企业在东道国由于政治风险（如政治暴力和战争）而导致的损失，中国信用保险公司最高可以进行 95%的赔偿。同时中国信用保险公司也会与越南的政府机构合作，密切关注越南的政治环境，能够在第一时间为企业提供最新的消息，以便企业根据面临的政治风险提前做好应对措施，这也能够在一定程度上避免中国企业在越南投资过程中所面临的政治风险。

（二）建立友好关系

例如在员工方面，尽量招聘越南当地员工，为越南政府有效解决就业问题，同时在中国对越南企业直接投资的过程中，也可以带动其他产业的发展，使越南的产业发展与中国企业的发展密切联系，增强中国企业抵御风险的能力。

同时中国企业在对越南企业直接投资的同时，也要承担其相应的社会责任，与越南当地居民保持良好的互动关系，例如在越南比较薄弱的基础设施建设方面，中国企业可以承担其一部分责任，同时运用自身在各个产业的优势，为越南各个行业的不断发展培育高素质专业化的优秀人才。降低越南民众对中国企业采取过激行为的可能性，有效降低中国企业在越南直接投资过程中的政治风险。

二、文化风险的应对

（一）密切与当地居民的联系

中国企业在越南直接投资的过程中，必然会与越南当地居民产生密切的联系，因此只有入乡随俗，积极主动与当地居民联系，培养彼此之间的信任和友谊，才能尽可能避免投资过程中所面临的文化风险。

随着中国在东南亚影响力的不断扩大，已经有越来越多的越南人开始学习汉语，了解中国文化，这对于在越南直接投资的企业而言，是一个非常好的契机，因此作为管理者和中国员工，一定要充分利用中国和越南政治文化友好交流的机会，主动学习越南日常用语，不断缩小两国之间的文化差异，同时也降低由于风俗习惯、语言等因素之间的影响而产生的风险。

（二）妥善处理好与政府和当地工会的关系

在越南，中央在经济领域方面的权限除涉及国家安全领域、能源、矿产资源等领域外其他均下放地方，由地方政府根据本地情况统一领导。由于在越南投资的中国企业中，大多数都是中小企业，企业本身规模小，抵御风险的能力较差。且越南政府腐败是公开的事实，企业希望通过对越南国会或地方议会施加影响解决官员腐败和审批效率低下问题的需求不大，因此接触甚少，所以中国企业处理好与当地工会的关系尤为重要。

在越南中资企业应该与中国商会密切联系，因为在越中国商会与越南计划投资部、越南工贸部、越南工商会建立了良好的沟通机制。企业也可在越南投资经营遇到不公平待遇的共性问题都集中通过商会反映，由商会与越南工会协商，从而将问题反馈到议会或政府。

三、法律风险的应对

（一）评估和预防

为了建立一个成熟的风险防范和控制体系，企业自身应当在投资之前就要详尽调查可能会发生的法律风险，建立起全面的法律风险防控计划，以此来保护中国企业对外投资的合法权益。

1. 建立专门的风险防范和控制机制

中国企业在投资越南之前，有必要建立专门的风险防范和控制机构或者委托市场上专业的风险控制与管理机构来对法律风险进行一个评估，通过这种方式来维护中国企业的合法权益。在企业做出具体的投资之前，一定要进行专业的市场分析研究，不要盲目听信越南单方面的各种承诺，企业要深入研究越南当地市场，对市场环境和法律风险做出一个全面的分析。越南的国情与我国有很大的不同，虽然越南的人力资源费用低，但越南的法制不健全，民间对中国有一定的民族抵触情绪。总的来说，中国企业在越南投资，相对国内来说可以提高企业利润，但面临的投资法律风险也要高于国内。我国企业在越南投资之前，应当对每一个投资计划都要进行专业的法律风险评估工作，并以风险评估报告作为其最终是否决定投资的重要参考。只有在每一个中国企业的管理人员心中树立起严谨的法律风险防范观念，才能有效防范投资中可能产生的投资法律风险。

2. 高度重视中越法律的不同之处

越南作为东南亚国家中招商引资力度最强的国家之一，对国际资本的吸引力度很大，也给外国企业提供了很多的优惠政策。对于中国企业来说，一定要重视和了解与投资项目相关的所有法律条款，要及时发现越南法律不同于中国法律的地方，尽量避免在以后的经营过程中因触犯越南法律而发生法律风险。同时，也不要轻信越南地方政府出台的优惠政策。越南地方政府的行政力量较强，政策变化性很大，越南地方政府的诸多优惠政策存在着很大法律风险。外国投资企业盲目相信当地政府的投资承诺，在遭受损失时很难维护自身的合法权益。所以中国企业在对越南投资时，必须做好法律风险的预防工作来防患于未然。

（二）经营中的法律风险防范

在投资项目的经营管理过程中，中资投资企业也不能放松对法律风险的防控，要时刻做好法律风险的防控工作。

1. 中资企业要依法经营并建立专门的法务部门

随着越南法律体系的逐步完善，越南的腐败现象也得到一定程度的遏制，中国企业在越南投资时一定要树立良好的形象，按照越南法律的各项规定去办理经营中的各项手续。只有按照法律程序办事后，在遭受损失时才能得到法律的救济。有一些中国企业迷信通过贿赂等手段使得企业能够得到更好的发展，这是一种十分错误的想法。因为在这种情况下，一旦出现企业遭受损失的情况，企业无法通过法律渠道维护自身的合法权益，只能默认损失的发生，甚至要承担违反越南法律的责任，这无疑是得不偿失的。

一个优秀的国际企业，需要有熟悉越南投资法律的法律专业人士作为法务部门的负责人，从而确保中资企业在越南的经营符合越南法律规定。尤其是日常经营活动中处理合同法律问题时，中资企业应当认真对待合同中每一个条款，由企业的法律专业人士做好合同的法律审查工作。从而确保签订的合同既符合越南国内法律，同时也能最大限度的维护中资企业的合法权益。建立专业的企业法务部门，能够帮助企业有效降低日常经营活动中可能会遇见的法律风险，从而避免在越南的投资遭受不必要的损失。

2. 向有关部门依法维权

中资企业在遭受到越南方面的不法侵害时，要及时与中国驻越南大使馆联系，积极向大使馆相关人员咨询合法维权的方式方法。在祖国日益强大的背景下，只要中国企业合法经营，都应当得到中国政府的支持和鼓励，任何侵犯中国企业的违法行为都应受到法律的制裁。

为了有效地维护企业的自身权益，中国企业应该做到以下几点。首先，要及时利用对中国企业有利的越南国内法来维护企业的合法权益，积极向越南相关司法部门维权，以法律为武器来维护中国企业的合法权益；其次，向越南高层次的相关部门汇报情况，并积极与越南国内外相关媒体联系，扩大具体事件的影响力，督促越南政府公平合理的解决相关问题；最后，利用越南政府认可的国际条约规定，向有关国际部门寻求支持，运用国际条约来维护中国企业在越南市场的合法权益。

3. 合理安排投资结构以融入越南当地市场

在对越南投资过程中，中国企业可以合理利用企业投资结构有效分散企业投资中的法律风险。如可以利用筹集资本的方式将法律风险合理地转移给包括投资所在国在内的多个国家及相关的金融机构。通过这种方式，一旦在对越投资过程中发生任何投资法律风险，中国企业将不会独自承担全部的法律风险，同时还能受到国际多边条约的保护。因此，中国企业对越南投资设立企业时要优先考虑采用合资的形式，充分利用越南合资方在本地的优势，从而有效降低海外投资法律风险。对资源开发等敏感领域的投资，可根据越南国情采取借贷等间接投资方式，通过产品分成获得收益，这样可以避免直接取得控股权所带来的越南政府单方面国有化的风险；在我国企业具有品牌、技术、管理等优势时，也可以采取特许越南本土企业经营的形式，做到既节约资金、避免直接投资风险，又能达到占领越南市场的目标。

（三）风险发生后的救济措施

如果中国企业在越南的投资经营发生了风险损失，中国企业要积极面对，通过各种方式维护自身的合法权益，尽量减少企业财产的不必要损失。

1. 做好企业自身的风险应急方案

中国企业必须建立专业的法律风险控制机制，要预先制定好各种法律风险的处理计划和方案，通过有计划、有步骤、有目标的行动来处理法律风险。大多数法律风险都有一个从潜伏到爆发，从量变到质变的过程，只要企业拥有完备的风险应急处理方案，就可以有效控制大多数的法律风险，从而有效减少或避免企业的损失。

为了做好企业自身的法律风险应对方案，中国企业应该做到以下几点。首先，在中国企业对越南市场开展具体的投资之前，就应该对中越法律的不同之处做出明确的分析，做出可能会发生的法律风险预案；其次，在企业的具体经营过程中，面对越南政府不断变化的法律法规以及相关的政策，中国企业必须就新的法律风险建立完善的预防控制方案；最后，在法律风险以及发生后，中国企业应该就原定的风险应急方案来积极维权，并针对维权过程中不断出现的新情况做出新的风险控制方案。总的来说，中国企业必须时刻做好风险防控的准备工作，以严谨的态度面对可能会出现的法律风险，最终才能更好地维护中国企业的合法权益不受侵害。

2. 以法律手段做好维权工作

中国企业在越南合法经营过程中，如果要中国企业的合法权益受到不法侵害，就要以法律手段维护自身合法权益。在寻求法律保护过程中，中国企业可以根据企业遭受侵害的不同情况，恰当选择越南国内法、中越双边投资协定或者国际多边投资协定来维护自身的合法权益。

3. 积极寻求中国驻越南外交机构的帮助

当中国企业在越南合法经营时，却因越南政府不法侵害导致企业遭受重大损失时，受侵害企业应及时向中国驻越南领事或外交机构反映情况，以获得他们的帮助。当中国企业所遭受的非法侵害无法通过越南国内法律程序获得正当救济时，中国政府相关部门可以以中越双边投资协定为基础，通过外交途径要求越南政府采取一定措施，及时处理侵害中资企业合法权益的非法行为，从而及时维护中国企业的合法权益。

为了有效地维护企业的自身权益，中国企业应该做到以下几点。首先，在企业开展具体的投资前，要积极主动与驻当地大使馆等部门接触，了解该地区的具体情况和可能存在的法律风险，避免企业盲目的海外投资；其次，在企业开展经营的具体过程中，要时刻保持与当地大使馆等相关部门的紧密联系，密切关注越南当地市场的法律法规、具体政策的变化，并积极采取措施将可能发生的法律风险予以有效防控；最后，在出现法律纠纷后，要第一时间寻求当地相关部门的援助，利用包括越南国内法律、越南签署认可的国际双边或多边条约来切实维护中国企业的合法利益。

（四）电力法律风险的应对

1. 全面遵守电力相关法律及规范

在越南从事电力活动，无论是投资还是电力工程承包，在越南法律有明确规定的情况下，应当按照越南法律规定执行，全面遵守越南《投资法》《土地法》《电力法》《税法》《劳动法》《环境保护法》等法律法规。电力企业应在投资或承包工程前应事前全面了解越南相关法律法规，避免违法而造成风险。

2. 通过协议明确法律没有规定的内容

鉴于越南有关电力法律规定公布的滞后性和局限性，越南电力规范的不完善性，越南电力执法及监管水平的局限性，在签署有关电力投资、电力工程、电力贸易的协议时，要尽量通过完善的协议内容来明确双方的权利义务，特别是在争取越方优惠政策和电价机制方面要尽可能争取利益。如果在越南法律框架外额外约定越方义务，要取得有权机构的背书或者批准。

3. 履行法律及合同项下的义务

在越南进行电力施工，应当按照越南规定办理《施工许可证》和《承包许可理论上》，进行用工的申报与登记，保留有关签证记录；根据越南税法及中越双边税收协定规定，事先了解企业的投资、贸易、工程承包或其他相关交易的行为是否在越南有纳税义务，及时进行纳税申报；在项目可研阶段，充分了解越南有关环评、社评、健康评价的法律要求，并将相关费用纳入预算。

4. 规范环保行为

与越南政府相关部门做好沟通，规范森林砍伐、环境保护行为。避免电站、电网建设项目与乱砍滥伐等环境破坏行为联系起来（如避免库区清林范围无限扩大、期限擅自延长），对于规模较大的电力、电网工程，必要时雇佣保安来维护秩序。

四、投资风险的应对

中国企业赴越投资经营应注意以下几个方面：

（1）认真进行项目尽职调查和市场考察，对越南中央和地方的投资法律环境和外资法律政策，包括外资的准入领域和条件、公司设立条件、经营许可的取得、税收、环保要求、劳工保护条件等重要问题有充分的认识和了解，对相关项目的合法性、真实性、盈利性及其审批流程、主管部门、审批权限等有充分认识，尽量以独资方式投资建厂，如需要合资（作），要对越方合作伙伴进行深入了解，寻求信誉好的合作伙伴，避免盲目投资。

（2）遵守越南的法律法规，守法经营。避免引进技术落后、污染严重等越南政府不鼓励投资的项目。

（3）加强投资风险防范，尽可能按国内外相关规定和流程办理国内外投资报批许可手续，如有遗漏或变更，要及时备案和补办相关手续，特别要注意相关项目可能需要完成越南中央政府和地方政府对行政审批和许可的双重规定。

（4）签订项目主合同时，要仔细考虑合同条款，争取适用优惠政策，明确双方的权利与义务，以防发生纠纷时无据可依。

（5）尽量选派能力强、素质高、外语好的业务人员赴越开展工作，加强与越方的沟通和联系，深入了解越南相关行业、市场和竞争关系，关注政策法律的更新和变化，形成动态反馈机制。

（6）注意内部沟通和协调，处理好与合作方以及当地有关部门的关系，避免因语言障碍所导致的误解和隔阂，甚至因此可能激化的矛盾和争议。

（7）项目投产后，要注意履行企业社会责任，与当地百姓搞好关系，避免因和当地居民产生矛盾和发生冲突而形成暴力事件。

（8）保持与中国驻越南使馆经商参处的联系，定期向经商参处汇报企业生产经营和管理情况。遇到重大问题要及时向使馆报告。

（9）注意越南政府在环境保护方面的监管要求，特别是在污水排放方面要对环境影响评价报告和环保计划做好规划和设计，避免出现污染环境的事件。

五、工程承包风险的应对

（1）开展工程承包前，需要对项目进行充分的尽职调查，特别是要摸清相关国家就工程开工需要办理的相关证照需要经历的审批流程，并对关键事宜的时间节点做出充分的估计和应急准备，避免违法违规而遭受行政处罚和经济损失。

（2）承包企业应建立应急机制，要建立健全依法经营的管理制度，要对员工进行普法教育，让员工了解在越南工作生活必备的法律常识和应对措施，做到知法守法、加强防范措施和员工安全教育，安全联络员，与当地政府和公安部保持密切联系，遇事应第一时间向当地公安部门报案并及时报告中国驻越南使（领）馆妥善处理。

（3）培养专业的工程索赔人员，出现问题，如是业主或分包商的过错，应注意及时索赔。

（4）应加大对在越工作和拟赴越南的中方人员的安全防范和自我保护意识，在出入旅店、市场或其他公共场所时，注意保管好个人财物，防止被抢被盗。不要在观光景点找儿童擦皮鞋，不要光顾流动商贩，以防财物被抢被盗。发现钱财、证件被盗窃或其他意外时，应及时报警并联系中国驻越南使领馆。

（5）注意中方人员出门要随身携带身份证件和临时居住证明。营业执照、纳税清单等重要文件要妥善保管。遇到执法人员检查身份证件，要礼貌出示自己的证件，回答警察问题。如果忘记携带证件也不必慌张，要说明身份并尽快与企业联系。

（6）遇到执法人员检查公司或住所，应要求其出示证件和搜查证明，并及时报告中国驻越南大使馆。遇有证件或财物被执法人员没收的情况、应要求执法人员保护中国企业的商业秘密；出具没收证或财物的清单作为证据，并记下执法人员的警号和车号；交罚款时应向执法人员索要罚款。

六、贸易风险的应对

依法进行对外贸易经营者备案登记，避免擅自从事带有欺骗或不正当手段进行的对外贸易经营活动和行为。

（1）熟悉海关政策、法规，做到知法守法，进出口货物如实申报，做到申报内容与实际货物数量、品质一致，且单证齐全、品质优异，保障查验合格通关快捷。

（2）如实申报货值，对于品牌、复杂的商品有相关证书，合理运用政策争取关税优惠，不能有欺骗、伪报的主观故意。

（3）提供详细货物清单提前向海关申报，货物包装完整，不同货物分类摆放，便于海关掏箱查验，节省查验时间，重视积累诚信，减少查验概率，享受通关便利。

（4）避免进出口属于禁止进出口的货物，或者未经许可擅自进出口属于限制进出口的货物或其他走私行为。

（5）避免偷税、逃避追缴欠税、骗取出口退税、抗税、虚开发票等涉税违法行为。

（6）避免不正当低价出口、虚开企业自制出口发票、串通投标、虚假表示和虚假宣传、商业贿赂等不正当竞争行为。

（7）依法开展法律法规规定的认证、检验、检疫。

七、财税风险的应对

（1）聘请有国际税务经验的会计师事务所或税务机构共同研讨税收构架和税务策划，充分了解和掌握中国与越南的相关税收政策法规及双边税收协定。与当地税务机构进行充分沟通，争取可能的税收优惠和税收减免，包括相关原材料、机器设备进口的税收减免，依法缴纳应缴税费，避免出现因未及时纳税遭受处罚的情形。

（2）在相关合同谈判过程中要充分考虑税负承担和汇率风险防范的条款，特别是对于可能出现延期付款的情形，要注意因款项的迟延支付可能造成的汇率损失。

（3）与银行、保险公司等机构进行充分的沟通和交流，比较其相关产品的优劣，适当购买理财产品，以化解汇率波动造成的损失；根据风险情况购买相应的商业保险和信用保险，特别是针对周期长、风险大的项目，与金融机构一起研讨可行的融资构架，以降低成本和可能的损失。

八、劳工风险的应对

（1）深入了解越南劳动法律制度，结合劳动法的相关规定制定风控体系，严格遵守越南《劳动法》。

（2）对公司管理人员和员工积极开展适当的培训，在实施项目过程中向越方传授部分技术，包括语言培训，加强中越文化交流，帮助越方提高劳动力技术水平和工业化、现代化水平。

（3）加强与越南工会的沟通和交流，减少和避免可能出现的罢工活动，并制订应急方案。

（4）在当地及时为中国员工办理劳动许可证。越南法律规定，不允许外籍人员持旅游签证在越南务工。在越南工作3个月以上的外籍劳务人员须办理劳动许可证。中国劳务人员办理许可证时，需提供省级以上或国家级医院开具的健康证明、所在地派出所出具的无犯罪记录证明、技术能力证明等文件，并经国内公证机关公证、中国外交部和越南驻华使馆认证。整套手续办下来约需2个月时间（含国内公证和认证时间）。

（5）在聘用中方劳务人员时，一定要检查其是否合法入境，是否持有合法证件；在给中方工人支付工资时，尽量争取直接交给工人，避免出现工人工资被克扣或者中介恶意欠薪等劳资纠纷事件发生。

（6）越南对外国人在越劳务管理非常严格，中方承包商在签订合同时应综合考虑工人比例、工程进度问题，避免为赶工程非法使用劳工；注意加强对中方劳务人员的安全保障和日常管理，尽量避免与当地百姓发生直接冲突。

（7）中方人员在出入境时携带超过5000美元或相当于1500万越南盾现金，必须向出入境口岸海关申报。

（8）中国国内组团访越，如团费交由专人携带、出入境时超出标准部分应申报或者分散保管，以免被罚没。

（9）要关注业务发展带来的资源、环境、劳工、安全以及社会治理等问题，以免引起当地居民的反感和抵制。其中，劳工问题不仅涉及工薪待遇问题，还包括工作环境、加班时限等；环境问题包括工业生产造成的环境问题，也包括开发资源引起的生态问题。

（10）要尊重越南员工的宗教信仰，了解并考虑其饮食习惯和宗教文化，以避免出现宗教忌讳的行为遭人反感。注意与当地的僧侣等处好关系。

九、争议风险的应对

争议发生时，尽可能先通过协商谈判解决，如确有必要诉诸司法救济途径，尽可能先争取双方认可的国际仲裁机构仲裁解决，然后再寻求外国仲裁或国际仲裁裁决在越南的承认和执行；对于确有必要通过在越南诉讼解决的案件，则应聘请信用较高的在越南有国际业务的律所和律师代理，并与律师保持较为顺畅的沟通。

附录　越南某电力工程概算表（示例）

表一甲　　**建 设 规 模　1×115MW**　　金额单位：万元

序号	工程或费用名称	建筑工程费	设备购置费	安装工程费	其他费用	合计	各项占总计（%）	单位投资（元/kW）	单位投资（美元/kW）
一	与厂址有关的单项工程								
（一）	交通运输工程								
（二）	灰场工程								
（三）	水质净化工程								
（四）	补给水工程								
（五）	地基处理工程								
（六）	土建通风设备								
（七）	土建消防设备								
二	调试费用								
三	国内编制年价差								
	国内工程费用合计								
四	越南价格水平调整								
1	调至越南当地工程费用价格差								
2	运输清报及物流关费								
3	运输保险								
4	全厂两年备品备件（含运杂费）								
	越南工程费用合计								
五	其他费用								
（一）	勘察设计费								
（二）	承包商许可证费用								

续表

序号	工程或费用名称	建筑工程费	设备购置费	安装工程费	其他费用	合计	各项占总计（%）	单位投资（元/kW）	单位投资（美元/kW）
（三）	项目管理费								
（四）	调试费用（不含物料）								
（五）	培训费								
（六）	试桩、试桩检测费								
（七）	风险费								
（八）	财务费用								
（九）	退税								
（十）	当地外协费用								
（十一）	保险费（工程一切险）								
（十二）	利润								
（十三）	代理费								
	工程静态投资（越南价格水平）								
	各项占静态投资（%）								
	各项静态单位投资（元/kW）								
六	动态费用								
（一）	价差预备费								
（二）	建设期贷款利息								
	项目建设总费用（动态投资）								
	各项占动态投资（%）								
	各项动态单位投资（元/kW）								
	铺底流动资金								
	项目计划总资金								

参 考 文 献

［1］ 张森林．越南电力工业发展近况［J］．中国电力，2008（02）：74－78．

［2］ 张森林．越南电力体制改革及电力市场建设近况．Electric power industry reform and electricity market construction in Vietnam［J］．华东电力，2008，036（001）：67－70．

［3］ 张森林．越南电力的市场化改革［J］．中国电力企业管理，2008（09）：60－62．

［4］ 谭国．越南工程承包市场开拓的现状、问题与对策［J］．建筑经济，2008（10）：75－77．

［5］ 陈文厚．越南建设工程总承包模式发展研究［D］．北京交通大学．

［6］ 楚国军．境外工程项目所得税税务筹划探析——以越南工程项目为例［J］．国际商务财会，2016（4）：45－48．

［7］ 谭国．越南工程承包市场概况［J］．国际工程与劳务，2008，000（010）：31－33．

［8］ 张建中．中国对越南国际工程承包的现状、问题及对策［J］．对外经贸实务，2010（5）：73－76．

［9］ 王荣品．越南承包工程项目风险因素分析与对策［J］．企业科技与发展，2013，000（002）：P.36－38．

［10］ 米良．越南革新开放以来电力业的发展及相关制度的建立完善［J］．东南亚纵横，2013，（09）：62－66．